数字经济与高质量发展丛书

北京市属高校分类发展项目
"'两区'建设助力扩大开放，实现首都高质量发展"的资助成果

中国资产价格泡沫的形成机理与传染效应研究

林思涵 ◎ 著

首都经济贸易大学出版社
Capital University of Economics and Business Press
·北京·

图书在版编目（CIP）数据

中国资产价格泡沫的形成机理与传染效应研究／林思涵著. -- 北京：首都经济贸易大学出版社，2024.2

ISBN 978-7-5638-3627-7

Ⅰ.①中… Ⅱ.①林… Ⅲ.①资本市场—经济波动—研究—中国 Ⅳ.①F832.5

中国国家版本馆CIP数据核字（2024）第004725号

中国资产价格泡沫的形成机理与传染效应研究
林思涵 著

责任编辑	晓 地
封面设计	砚祥志远·激光照排 TEL：010-65976003
出版发行	首都经济贸易大学出版社
地 址	北京市朝阳区红庙（邮编100026）
电 话	（010）65976483 65065761 65071505（传真）
网 址	http://www.sjmcb.com
E-mail	publish@cueb.edu.cn
经 销	全国新华书店
照 排	北京砚祥志远激光照排技术有限公司
印 刷	北京九州迅驰传媒文化有限公司
成品尺寸	170毫米×240毫米 1/16
字 数	170千字
印 张	9.75
版 次	2024年2月第1版 2024年2月第1次印刷
书 号	ISBN 978-7-5638-3627-7
定 价	42.00元

图书印装若有质量问题，本社负责调换

版权所有 侵权必究

前　言

近几十年来，世界上的许多国家都经历了资产价格泡沫的繁荣与萧条，以及随之而来的经济衰退。如日本的泡沫经济、美国的互联网泡沫以及2008年的全球性金融危机等，无一不伴随着大规模的资产价格泡沫崩溃。这些事件让理论研究与实务工作者不断意识到对于资产价格泡沫潜在风险研究的重要性。当前，中国虽尚未发生大规模的泡沫崩溃事件，但是资产价格的频繁波动，以及资产价格的泡沫化迹象，对中国经济运行的潜在威胁不断增强。如中国的房地产市场在1998年住房改革之后，经历了长达20年的普遍上涨，曾经被央行视作经济发展中最大的"灰犀牛"。再如，在中国的股票市场经历了2015年异常波动后，由资产价格泡沫化导致的大规模资金空转以及资本配置不当，使得中国资本市场服务于实体经济的有效性显著下降。2019年以来，在新冠疫情影响下，出于经济救助的目的，全球央行"大放水"已造成全球流动性的泛滥，而过于充足的流动性很可能会进一步滋生新的资产价格泡沫。

鉴于资产价格泡沫潜在威胁的不断上升，本书立足于中国资产市场现状，以资产价格泡沫作为研究对象，采用理论分析与实证分析相结合的研究范式，基于"识别与测度→形成机理→影响效应→政策治理"的研究脉络，对资产价格泡沫的识别与测度、形成机理、传染效应以及政策治理展开系统研究。这不仅对理解中国资产价格泡沫的运行机制具有显著意义，也对中国守住不发生系统性金融风险的政策要求十分重要。

第1章重点对资产价格泡沫的识别与测度、形成机理、传染效应以及政策效应进行了文献梳理，并给出了本书的研究框架。

第2章介绍了资产价格泡沫的内涵与形成过程，以及理性资产价格泡沫与非理性资产价格泡沫的理论基础。其中，关于理性资产价格泡沫的部分，介绍了内生性、外生性资产价格泡沫的理论界定；关于非理性资产价格泡沫，重点介绍了以异质信念与有限套利为诱发因素的形成机理，以及噪声交易理论与泡沫乘骑理论。

第 3 章基于 PSY 识别程序对中国股票市场与主要市域房地产价格泡沫进行识别。介绍了 PSY 识别方法的检验原理与递归算法，而后对中国主要资产市场的资产价格泡沫进行了识别。研究发现，在样本区间内，中国股票市场与房地产市场均经历了频繁的泡沫过程，如上交所、深交所以及创业板股票市场均识别到完整的泡沫区间，仅中小板市场未识别出明显的泡沫区间。主要泡沫区间为 2007 年 4 月至 10 月、2015 年 3 月至 6 月。在市级城市的房价泡沫识别中，样本城市普遍经历了不同频次的泡沫周期，时间集中于 2016 年 6 月至 2017 年 8 月。在泡沫韧性方面，股票市场中上交所市场的泡沫韧性强于深交所，房地产市场中一线城市强于新一线城市，新一线城市强于二线城市和三线城市。韧性较高的资产市场其泡沫持续期长，资产价格泡沫不易破灭。

第 4 章重点研究了信贷政策对房地产价格泡沫形成过程中的作用机理。在理论上论证了资产价格泡沫与金融杠杆之间的定价关系，得出在违约概率大于零的前提下，金融杠杆的存在会导致正向资产价格泡沫的出现。而后为验证上述理论结果，采用 NARDL 模型实证分析了分部门宏观杠杆率，对中国房地产价格泡沫的长期、短期非对称影响。实证结果表明，首先，实体经济部门以及金融部门杠杆率的负向调整均会长期有效抑制房地产价格泡沫的持续膨胀，但"一刀切"的实体经济部门去杠杆不利于房地产市场的长期稳定运行。其次，长期内可采用非金融企业部门向居民部门的杠杆转移，以实现对房地产价格泡沫的温和平抑作用。最后，应有效、合理地发挥中央政府杠杆的前瞻性指引作用，政策当局不应对地方政府施行强效去杠杆政策，而应试图"熨平"地方政府债务波动以免引发局部房地产价格泡沫化风险。

第 5 章重点研究卖空约束下，投资者异质信念对股票价格泡沫形成的作用机理。对卖空约束、投资者异质信念对股票价格泡沫的影响机理进行了深入的理论层面分析；在实证研究方面，构建了嵌入狄利克雷过程的无限区制马尔科夫转换向量自回归模型（RTV-VAR），以刻画变量间的时变因果关系。研究结果表明，上海主板市场融资融券交易机制更具加速风险释放的杠杆交易特征。该杠杆交易特征致使投资者情绪非对称表达，进而引致股票的错误定价。而深圳主板市场的融资融券交易则未体现较强的杠杆交易特征。在沪深主板股价泡沫活跃期间，投资者异质信念对融资融券正向影响的上升，表明投资者情绪借助融资融券工具得以表达的意愿变强，因此该正向影响的快速上升可作为股价异常波动的预警信号。

第 6 章重点分析了股票价格泡沫的传染效应。根据 PSY 方法识别了中国股票市场分行业资产价格泡沫，并通过市盈率与 BSADF 统计量的趋势匹配方法，构造了资产价格泡沫规模的代理变量。而后采用带有时变波动率的时变向量自回归模型以及广义方差分解，构造了时变动态 DY 连通性指标，对 2012 年 12 月至 2020 年 6 月行业间的股票泡沫传染性进行测算。结果表明：首先，总体动态连通性指数捕捉到 2012 年以来中国资本市场发生的三次典型的泡沫事件，分别为 2015 年股市异常波动，2017—2018 年上半年的债券市场大规模债务违约，2018 年以来的中美贸易摩擦。其次，行业间的泡沫传染在传染方向以及传染规模上均具有显著的时变特征。整体上，工业、医药卫生以及信息技术行业资产价格泡沫溢出影响持续为正，这表明该三个行业最具泡沫传染性，而能源、主要消费、金融地产以及公共事业行业则是泡沫风险的主要净接收行业，最具行业脆弱性。最后，两两行业间的净溢出动态连通性指数的测度结果表明，行业自身泡沫规模变化所产生的投资者情绪引导作用，以及与其他行业业务关联性的变动导致行业间的泡沫传染具有显著的行业轮动特征。

第 7 章重点分析了中国股票价格泡沫和房地产价格泡沫的货币政策效应。本章结合局部均衡框架下理性资产价格泡沫理论，简要论证了利率的变化对基础价值成分和泡沫成分具有不同影响。而后在实证分析中采用 TVP－VAR 模型，分析了以短期名义利率上升为代表的外生紧缩性货币政策冲击，以及以货币供应量 M2 为代表的扩张性货币政策冲击，对货币政策潜在目标变量的影响。最后，根据理论分析结果，通过脉冲响应函数构造了利率冲击对资产价格内在价值成分和泡沫成分的冲击影响。结果表明，外生紧缩性价格型货币政策冲击能够引起股票价格的短暂下跌，并且相比于基础价值成分的下跌，泡沫成分的上升更为显著。此外该货币政策还会引起房地产价格泡沫短期内呈现上升趋势，长期才呈现下降趋势。因此，利用紧缩性价格型政策治理资产价格泡沫时，不但无法达到有效抑制泡沫的作用，反而会损害股票的基础价值。而扩张性数量型货币政策会导致资产价格的显著上升，但其对股利变量的影响存在较大不确定性。此外，扩张型货币政策对房地产价格泡沫存在更为显著的政策滞后效应。因此，传统的"逆向操作"策略对资产价格泡沫的作用具有较大不确定性，甚至适得其反。

长久以来，有效市场理论否认资产价格泡沫的存在，而关于资产价格泡沫存在的证据比比皆是。本书以中国股票市场与房地产市场作为研究对象，系统阐述了中国资产市场发展过程中是否存在价格泡沫，资产价格泡沫的经济影响以及中国资产价格泡沫的货币政策治理效应等问题，试图为化解中国资产市场的价格泡沫风险提供理论依据。

目录 CONTENTS

1 绪 论 ………………………………………………………………… 1
  1.1 研究背景与研究意义 ……………………………………………… 1
  1.2 资产价格泡沫的识别与测度研究综述 …………………………… 4
  1.3 资产价格泡沫的形成机理研究综述 ……………………………… 12
  1.4 资产价格泡沫的传染效应与政策效应研究综述 ………………… 19
  1.5 研究方法、研究创新与研究不足及展望 ………………………… 23
  1.6 研究框架与研究内容 ……………………………………………… 27

2 资产价格泡沫的理论基础 …………………………………………… 28
  2.1 资产价格泡沫的内涵与演化过程 ………………………………… 29
  2.2 理性资产价格泡沫的理论基础 …………………………………… 31
  2.3 非理性资产价格泡沫的理论基础 ………………………………… 35
  2.4 本章小结 …………………………………………………………… 40

3 资产价格泡沫的识别研究 …………………………………………… 42
  3.1 ADF方法的检验原理 ……………………………………………… 43
  3.2 PSY的递归算法 …………………………………………………… 45
  3.3 中国股票市场与房地产市场资产价格泡沫的识别检验 ………… 47
  3.4 本章小结 …………………………………………………………… 58

4 中国宏观金融杠杆对房地产价格泡沫的非对称动态影响效应 …… 60
  4.1 金融杠杆不确定性下的资产定价理论模型 ……………………… 61
  4.2 非线性自回归分布滞后计量模型 ………………………………… 64

4.3　资产价格泡沫的金融杠杆非对称动态效应检验 ……………… 65
　　4.4　本章小结 ………………………………………………………… 79

5　异质信念、融资融券失衡与股票价格泡沫 ………………………… 81
　　5.1　中国沪、深股票市场资产价格泡沫测度 ……………………… 82
　　5.2　多元时变向量自回归模型 ……………………………………… 83
　　5.3　中国多层次股票市场资产价格泡沫形成机理的实证分析 …… 85
　　5.4　本章小结 ………………………………………………………… 94

6　中国股票市场行业间资产价格泡沫传染效应研究 ………………… 96
　　6.1　时变动态连通性指数构建 ……………………………………… 97
　　6.2　中国股票市场分行业资产价格泡沫测度 ……………………… 101
　　6.3　行业间资产价格泡沫连通性实证分析 ………………………… 103
　　6.4　本章小结 ………………………………………………………… 113

7　中国货币政策对资产价格泡沫的影响效应研究 …………………… 115
　　7.1　货币政策对资产价格泡沫的影响效应理论基础 ……………… 116
　　7.2　数据选取与实证模型 …………………………………………… 117
　　7.3　货币政策对股票市场资产价格泡沫影响效应的实证分析 …… 120
　　7.4　货币政策对房地产市场资产价格泡沫影响效应的实证分析 … 124
　　7.5　本章小结 ………………………………………………………… 128

8　结　语 ………………………………………………………………… 130
　　8.1　主要研究结论 …………………………………………………… 130
　　8.2　主要政策启示 …………………………………………………… 133

参考文献 …………………………………………………………………… 135

1 绪 论

1.1 研究背景与研究意义

1.1.1 研究背景

在全球经济发展过程中，金融危机的发生往往伴随着资产价格泡沫的繁荣和萧条。资产价格泡沫通常指资产价格偏离其基本面的部分，其发生的根本原因在于货币过多地流入资产交易市场，因此资产价格泡沫是通货膨胀在资产市场的一种体现。典型的资产价格泡沫事件，如早期的荷兰郁金香热（1634—1637年）、密西西比泡沫（1719—1720年）、英国南海泡沫（1720年）；近期的如日本"消失的十年"泡沫经济（1991—2000年）、美国的互联网泡沫（1995—2001年）、美国次级房地产泡沫（2003—2010年）等。纵观历史上的数次泡沫事件可以发现，虽然不同资产价格泡沫事件具体细节各有不同，如泡沫可能出现在不同的资产类别中，从大宗商品（如郁金香、糖或谷物）到金融资产（尤其是股票和债券）、房地产（土地以及住宅和商业建筑用地）再到基础设施项目等。但是，资产价格泡沫的疯狂与幻灭，在世界经济的发展进程中反复上演，并几乎覆盖了每次金融危机爆发的全程。

众所周知，资产价格泡沫破灭的危害性是巨大的，其破灭造成的巨大经济成本显著高于泡沫发展时期带来的经济促进作用，并且泡沫破灭不仅给本国（或地区）造成巨大的经济损失，严重者还会危害他国（或地区）的经济运行。例如，20世纪90年代早期日本泡沫经济破裂后，其资产价格一落千丈、不良资产的数量急剧攀升、金融机构开始面临严重的困难，日本经济陷入了绵长的衰退期。再如，美国房地产泡沫的破裂以及与之相关的2007年和2008年的金融市场动荡，导致大萧条以来最严重的金融危机。此次危机不仅恶化了美国本土经济，并且席卷了欧盟、日本等世界范围内的主要金融市场。

危机过后，美国、欧洲乃至日本经济经过了多轮量化宽松和零利率货币政策的调整才走出经济衰退。除上述发达经济体外，资产价格泡沫破灭对新兴经济体也造成了不同程度的危害。如中国经济也因2008年金融危机，告别了高速增长时代，其影响时至今日尚未完全消除。

近年来，中国的股票市场、债券市场以及房地产市场局部资产价格泡沫化现象屡屡发生。尤其是经济进入新常态以来，中国实体经济一直面临着经济增速放缓与资产价格泡沫风险加剧共存的局面。其中，房地产市场资产价格泡沫的严重性深受理论界以及实务界的重视，政策当局甚至认为，房地产市场是当前影响中国经济最大的"灰犀牛"。自1998年的商品房改革后，中国房地产市场便兼具金融属性和实体属性。虽然总体上中国房地产更偏向于实体属性，对实体经济增长、就业以及投资起到压舱石作用，但快速的城镇化进程以及供求失衡等因素不断强化了房地产市场的金融属性。进入21世纪以来，伴随着房地产市场金融属性、投机性的不断提高，中国的许多城市经历了周期性的房地产热潮。如图1-1房价收入比所示，样本区间内房地产价格均经历了广泛上升，并且城市间分化现象极为严重，其中以一线城市上升幅度最为显著。众所周知，当房地产价格远超其城镇化、居民收入、经济增长等基本面所能够解释的范畴时，则会产生典型的泡沫化现象，房地产价格泡沫的非理性繁荣不仅会对实体经济产生强大的挤出效应，并且其自身的正向反馈效应所导致的泡沫破裂更会再次恶化实体经济基本面，以及金融、信

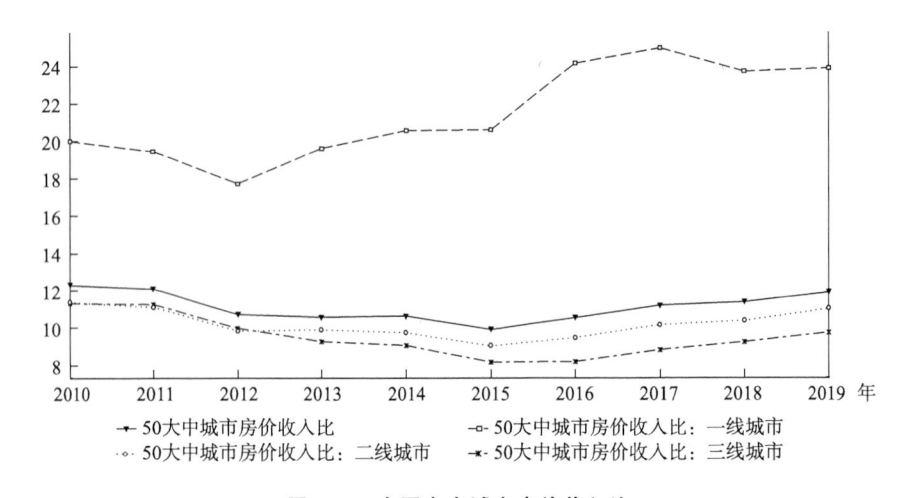

图1-1 中国大中城市房价收入比

贷环境。因此，为应对房地产市场的非理性繁荣，中国政策当局从2011年的房地产"国八条"开始，有针对性地对房地产市场展开多次全国性的调控，并提出"房住不炒""一城一策"等颇具影响力的政策主张。但是，即便政策调控力度不断加码，调控精度不断加强，鉴于房地产与金融业的深度关联，截至2020年12月，中国房地产相关贷款占银行业贷款仍然高达39%，其中尚未包括已进入房地产市场的大规模债券、股本以及信托资金等。

除房地产市场外，近年来，中国股票市场也出现了一定程度的泡沫化现象，如2015年中国股市的异常波动即为典型的资产价格泡沫破灭事件。2014年下半年，伴随着以融资融券、场外配资为代表的杠杆资金入市，上证指数仅用半年左右的时间就从2400点左右快速攀升到近5200点。而后，在降杠杆政策以及监管收紧的冲击下，股市指数迅速滑落并持续大幅震荡下跌，2015年6月15日至7月8日上证综指下跌32%，创业板综指下跌42%。此次股灾发生后，中国政策当局紧急施行降息、养老金入市以及放松停止平仓等政策，使得此次股市异常波动未产生巨大的实体经济溢出效应。但是，此次股灾却直接导致中国金融行业进入了为期两年之久的"寒冬期"，金融市场的直接融资能力也因此大幅下降。

综上所述，房地产、股票等重要资产市场的泡沫积聚以及破灭，均对实体经济乃至国民经济整体运行产生重大影响。通常看，资产价格泡沫的存在对实体经济具有双向作用，在适度范围内资产价格泡沫对实体经济可以起到一定正向作用，但是如果泡沫相对过大、韧性不足，则会引发市场崩溃。泡沫一旦破裂，不仅会导致一系列的连锁反应，甚至引发金融危机，对经济造成严重负面影响。

1.1.2 研究意义

资产价格泡沫对于实体经济的重要影响，归根结底在于其对实体经济中实际分配的重要影响。如资产价格泡沫的高度积聚会扭曲投资者的投资动机，导致对定价过高资产的过度投机，进而对实体经济造成严重的挤出效应，导致该资产市场资源配置效率低下。此外资产价格泡沫的实际影响还体现在，资产价格泡沫破裂会引发损失和流动性短缺的螺旋上升，导致经济体中的公司、金融机构和家庭的资产负债表蒙受巨大损失，迫使陷入困境的机构出售资产，从而进一步压低价格，进而减缓实际经济活动。通过上述系列的经济动态效应的累积，资产价格泡沫所引发的系统性风险会远超受最初冲击影响的单一机构或局部市场。

　　从目前的全球经济运行态势看，资产价格泡沫的危害性并未显著减弱，单一市场的资产价格泡沫破灭现象比比皆是，甚至全局性的资产价格泡沫爆发也时有发生。在新冠疫情冲击下，全球经济"大放水"是否会引发新一轮的资产价格泡沫，科技泡沫是否会卷土重来等问题仍被广泛讨论中。而在中国，从2014年下半年股市泡沫到2015年的股灾，再到2016年的房地产价格大幅上涨，中国经济呈现资本市场尚未成熟、房地产泡沫风险不断加码，投机现象盛行、社会有效投资下降等特征，资产价格泡沫风险已受到实务工作者和政策当局的广泛重视，2016年底的中央经济工作会议明确提出了既要"稳增长"，又要"抑制资产泡沫"，并且提出"要把防控金融风险放在更重要的位置"。党的十九大再次强调，决胜全面建成小康社会，必须打赢三大攻坚战，其中之一便是防范化解重大金融风险。而防范化解重大金融风险的关键，在于有效抑制资产价格泡沫，防止资产价格泡沫破裂，以及及时有效地治理资产价格泡沫。

　　综上所述，鉴于资产价格泡沫在经济运行中的重要性地位，关于资产价格泡沫运行机理的研究需得到进一步深化。因此，及时、深入地了解资产价格泡沫可能在什么情况下产生，为什么资产价格会系统地偏离其基本价值，资产价格泡沫的实际影响机制为何，以及该如何应对、治理未破裂和已破裂的资产价格泡沫具有重大的理论意义。此外，深入、系统地研究资产价格泡沫形成机理，全面合理地考察资产价格泡沫可能带来的影响效应，防范和降低资产价格泡沫对经济发展的不利影响，符合当前中国经济运行的现实需要。其对维持金融系统稳定、保持经济平稳运行具有极强的现实意义。

1.2　资产价格泡沫的识别与测度研究综述

　　关于资产价格泡沫的检验方法主要分为两类：间接检验法和直接检验法。间接检验法对应于资产价格泡沫的识别，通常指通过分析资产价格的分布特征，得到资产价格泡沫存在的证据以及泡沫存续期间等关键指标，间接检验法不涉及对资产价格泡沫成分的提取；直接检验法对应于资产价格泡沫规模的测度，其目的是测度泡沫成分的大小（规模）和变动趋势，该类检验通常需要预先设定具体的泡沫运动过程，并通过构建合适的数量模型实现泡沫成分的提取。本节重点从上述两方面对资产价格泡沫的检验方法进行文献梳理。

1.2.1 资产价格泡沫的识别研究

资产价格泡沫的识别通常是基于理性资产价格泡沫展开的，其识别的本质为测试标准的股息现值模型是否有效。理性资产价格泡沫理论认为，资产价格等于其基本价值与泡沫价值之和，其基本价值等于资产未来现金流的现值之和。因此当投资者愿意支付比贴现股息和更高的价格购买资产时，那么股票价格就存在一个理性泡沫。该泡沫产生的前提在于，投资者期望未来能以更高的价格出售该资产，从而使当前的高价成为一个新的均衡价格（Gürkaynak，2008）。

1.2.1.1 有界方差检验

对理性资产价格泡沫的早期检验来自席勒（Shiller，1981）、勒罗伊和波特（Leroy and Porter，1981）在检验市场有效性的研究中提出的有界方差检验。其检验原理为，根据有效市场假设，在理性预期、风险中性、股息和股价具有平稳性的前提下，资产价格若等于其基础价值，那么当前的实际价格的方差应该小于基础价格的方差。因此，若股票实际价格的方差大于基本价值预期值的方差时，则认为此时股票价格存在泡沫成分。席勒（Shiller，1981）的研究结果表明，1871年至1979年的标准普尔实际股价的标准差远高于其基本价值的标准差，因此该股票市场存在股票价格泡沫且不符合有效市场假设。席勒（Shiller，1981）以及格罗斯曼和席勒（Grossman and Shiller，1981）的研究仅将上述结论作为现值模型的一般性批判，并未将其归因于资产价格泡沫的存在。而布兰查德和沃森（Blanchard and Waston，1982）以及蒂罗尔（Tirole，1985）的研究则认为，资产价格泡沫的存在会导致方差边界被超越，并据此提出理性资产价格泡沫的概念。纵观有界方差界检验方法的研究发展，可以发现有界方差检验的优势在于简单易行，但同时也存在诸多弊端。如马什和默顿（Marsh and Merton，1986）的研究认为，当股价和股息是非平稳时间序列时，有界方差检验方法失效。再如克莱顿（Kleidon，1986）认为，理论上方差应为截面方差，而实际估计使用的则为时间序列方差等。由于该方法存在诸多弊端，近年来鲜有研究使用。

1.2.1.2 两步法检验

有界方差更多的是偏向于对标准现值模型的检验，当现有的资产价格不满足现值模型时，一个可能的解释是存在资产价格泡沫，当然还可能存在其他原因。由韦斯特（West，1987）提出的两步法，则明确地将资产价格泡沫纳入替代假设，他巧妙地测试了有泡沫和无泡沫情况下的定价模型，进而考察二者的差异。研究思路为，当不存在泡沫时，基于无套利原则得到的欧拉方程可以被单独估计，进而得到有关折现率的相关信息，并将股利变量视为一个平稳的自回归过程，通过最小二乘估计得到上述基本价值对股利的回归系数。此外，还可以直接估计股票价格对股利的回归系数。最后，比较上述两个回归系数的差异性，当不存在泡沫时，两个回归系数应不存在明显差异，存在泡沫时则会产生较大差异。奇林科和夏勒（Chirinko and Schaller，1996）也采用了类似的观点，提议联合检验托宾 Q 方程和投资欧拉方程。如果模型描述正确，托宾 Q 方程应该是关于股票定价和泡沫的信息，而投资欧拉方程应该显示资产价格和实际投资之间的关系。弗洛德等（Flood et al.，1994）指出，两步检验中的欧拉方程是由连续两个周期推导和检验的，但它应该以更一般的形式对长期资产进行定价。此外，上述两回归系数的差异是由非泡沫因素导致的，因此该方法不具备一般性。

1.2.1.3 协整检验

上述两类方法均基于标准的现值模型展开，试图通过未来现金流折现得到的基础价值和股票价格进行比较，判断资产价格泡沫存在与否。而事实上资产价格泡沫还存在一定的统计特征可以用于判断其存在与否。其中使用比较广泛的统计检验方法为协整检验。迪巴和格罗斯曼（Diba and Grossman，1988）通过对股票价格差分序列的单位根检验，以及对股价与股利的协整关系的检验，考察股市泡沫的存在性。其检验原理为，根据现值理论，在不存在泡沫的情况下，资产价格等于资产价格的基本价值成分，而基本价值等于股利折现值之和，在折现率为常数的情形下，资产价格序列与股利具有相同的平稳性，因此二者应存在协整关系。迪巴和格罗斯曼（Diba and Grossman，1988）通过 Dickey-Fuller 检验，发现股利和股票价格具有相同的平稳性，因此他们的测试结果为不存在泡沫。埃文斯（Evans，1991）对上述方法的有效性提出了质疑，认为单位根检验和协整检验只关注了股市泡沫的线性特征，因此只能检验出样本区间内持续存在并且不会破裂的确定性资产价格泡沫，不能检验随机的、周期性膨胀和收缩的非线性资产价格泡沫。这种泡沫的存在使得股价表现为高度的非线性和非对称性调整，但与爆炸性过程相比又是相对稳定的，表现为局部爆炸性特征。单纯的单位根检验和协整检验无法识别这类周期性破灭型泡沫。

1.2.1.4 带有区制转移的单位根检验

为了充分识别资产价格泡沫的非线性特征进而识别周期性破灭型泡沫，研究者们对传统的单位根检验进行了改进。如带有区制转移的单位根检验（markov-switching augmented dickey-fuller，MS-ADF）方法，该方法将泡沫变化划分为膨胀和收缩两个区制（Hall and Sola，1999）。通过对埃文斯（Evans，1991）的样本数据进行检验，识别出该数据生成过程中出现的周期性破灭型泡沫。研究表明两区制 ADF 检验和三区制 ADF 检验模型，能很好地度量泡沫的动态非线性行为，进而识别投机泡沫（Brooks and Katsaris，2005）。但由于区制数量的设定通常是主观的，因而其识别结果很可能不够准确、客观，并且所检验的非线性特征很可能与主观的区制设定相关。如诺登和维格弗森（Norden amd Vigfusson，1998）的研究认为，具有恒定切换概率的 ADF 检验表明 S&P 500 中存在泡沫，但将切换概率建模为关于泡沫规模大小的函数，该检验并不能识别到同一数据集中存在气泡。

1.2.1.5 右尾单位根检验

在资产价格泡沫测度的研究中，具有突破性的进展来自菲利普斯等（Phillips et al.，2011）的工作，简称"PWY 方法"。该研究提出了前向递归右尾 ADF 单位根方法用于检验资产价格泡沫序列，该方法旨在检测投机泡沫的局部爆炸动力行为，并使用 sup-ADF（SADF）统计量测试资产价格泡沫的存在。同时该方法提出了一个基于 SADF 统计序列识别泡沫周期的策略，该策略基于反向回归技术确定资产价格泡沫的起始点和终止点。霍姆和布赖通（Homm and Breitung，2012）将这些测试用于气泡检测，研究认为，PWY 方法的 SADF 递归统计量在探测气泡方面最为有效。且 PWY 方法对样本区间内存在单一泡沫有效且一致。而在分析较长时间序列或快速变化的市场数据时，PWY 方法无法得到有效的资产价格泡沫周期。因此，考虑到多个泡沫周期的存在性，在菲利普斯等（Phillips et al.，2015a，2015b）的研究中对 SADF 的递归程序进行了改进，并提出了广义 sup-ADF 检验（GSADF）又称 PSY 方法。与 PWY 一样，该过程依赖于递归 SADF 测试，但在实现中使用了灵活的窗口宽度。GSADF 测试不在第一次观察时确定递归的起点，而是通过在一个灵活的窗口范围内改变递归的起点和终点扩展样本覆盖范围，该测试的本质为一个右尾单位根的双递归测试。该方法近年来得到广泛使用，现已成功应用于金融、商品和房地产市场的繁荣预警系统（Greenaway et al.，2016）。该方法在度量中国资产价格泡沫的研究中也同样得到了广泛应用，具有代表性的研究来自简志宏和向修海（2012）、郭刚正（2019）以及王少平和赵钊（2019）等。

1.2.1.6 对数周期幂律模型

古尔卡纳克（Gürkaynak，2008）总结了资产价格泡沫识别的主要计量经济学方法的弊端，并指出多数资产价格泡沫的计量检测不能得到令人信服的结果。几乎每篇检验到泡沫存在的文章都会有另外一篇文章针对同样的数据得出不存在泡沫的结论。而造成这一现象的核心原因之一，在于传统的泡沫检验方法通常假设泡沫是遵循指数膨胀的，因此无法将泡沫成分和同样呈现指数增长的基本价值成分区分开来（林黎、任若恩，2012）。

鉴于此，关于泡沫成分的超指数特征的研究则显得尤为重要。天体物理的研究专家索内特发现，金融市场泡沫的形成与破裂，与地震有非常多的相似之处，都是复杂系统的自组织行为。因此，索内特等（Sornette et al.，1996）使用最早被用于地震研究的对数周期幂律模型识别资产价格泡沫。为了进一步检验该方法，索内特和约翰森（Sornette and Johansen，1997）测试了20世纪最大的两次金融资产崩溃事件，即1929年10月和1987年10月的崩溃，结果表明，该方法通过分析泡沫在发生前的8年价格数据即可以预测这两次崩溃。经过进一步总结，约翰森等（Johanson et al.，1999，2000）基于布兰查德和沃森（Blanchard and Waston，1982）的理性预期模型给出了超指数增长投机泡沫（JLS）模型。JLS模型结合了控制崩盘风险概率的噪声交易者的羊群行为和理性交易者对资产价格的套利反应，认为由于与噪声交易者的羊群行为相关联的正反馈，价格的瞬时加速比指数加速更快。这种比指数更快的模式可以在有限时间奇点中达到顶点，这是泡沫结束和崩溃最有可能发生的时间特征。此外，索内特等（Sornette et al.，2002）还提出了带有超指数膨胀泡沫的泡沫定价（super-expomnential bubble，SB）模型，SB模型基于Black-Scholes期权定价模型，引入泡沫成分对股价的正向反馈机制，通过检验反馈指数是否显著大于1检验股价泡沫的存在，该模型为对数价格变化的标准金融Black-Scholes模型的非线性扩展。该非线性反馈反映的是价格对未来增长的影响，即高价格会导致财富效应，从而促使投资者更积极地进行投资。基于上述研究，索内特（Sornette，2003）正式提出对数周期幂律奇点（log-periodic-power-law-singularity，LPPLS）模型的数学形式，并将其用于对泡沫的早期诊断以及对历史泡沫的事后分析。索内特和周（Sornette and Zhou，2004）将LPPLS模型应用于新兴经济体的资产价格泡沫的研究，得出中国的房价具有超指数特征，并预测中国的房价将上涨到2008年。姜等（Jiang et al.，2010）分别对2005—2007年和2008—2009年的中国股市泡沫进行了泡沫诊断。菲利蒙诺夫和索内特（Filimonov and Sornette，2013）通过将LPPLS公式从3个线性和4个非线性参数的函数转换为4个线性和3个非线性参数的表示，提出了一种便于更稳定校准公式的修订。这种变换降低了拟合过程的复杂性，提高了拟合过程的稳定性。除此之外，他们还开发了一种附加的从属程序，其允许关键时间、泡沫结束时间和最可能发生崩溃时间的检测，进一步降低了搜索的复杂性。为进一步明晰LPPLS模式的作用机理，林和索内特（Lin and Sornette，2013）提出了超指数膨胀泡沫模型——均值回复的平稳随机临界时点模型，将泡沫的识别问题转化为非线性、非平稳的股价序列中是否蕴含着一个均值回复的平稳时间序列的检验。国内研究中，林黎和任若恩（2012）基于LPPLS模型检测了中国的股市泡沫。李伦一和张翔（2019）基于LPPLS模型研究了中国房地产价格泡沫的波纹效应。

1.2.2 资产价格泡沫的测度研究

资产价格泡沫的测度对应于泡沫的直接检验，其目的为通过计量分析、统计检验等方法量化资产价格泡沫。由于关于资产价格泡沫的测度方法目前尚无系统的分类，通过对现有文献的整理，本节主要针对股票资产和房地产泡沫的测度进行总结。

1.2.2.1 股票价格泡沫的测度

基于股利还原思想的股票价格泡沫的测度方法分别为：基于现值模型的股利折现方法，剩余收益模型，基于股票数据的股利倍数法，以及基于资产定价模型的泡沫成分提取，等等。其中根据现值模型提取股票价格泡沫规模的原理，为利用股利的预期值直接计算股票的基本价值，并根据股票价格与基本价值之差提取股价泡沫。如潘国陵（2000）基于中国多数股票不分红的事实，将每股的税后利润视作股利分红，进而合成中国股票市场的价格泡沫。但实际计算中关于股利预期值以及折现率的分布假设设置存在差异，导致该方法的测度结果往往存在较大差异。

剩余收益法是股利折现方法的扩展，由奥尔森等（Ohlson et al.，1995）提出，又称O-F模型。该模型认为，计算股票基本价值的最基本方法是预测未来有限期内的收益与净资产的账面价值，其中剩余收益指的是资产的收益按照现行利率扣除其资本利得后的剩余收益。刘熀松等（2005）、陈国进等

(2009)、王春丽和江晶（2014）均基于 O-F 模型、O-F 模型的扩展模型即动态剩余收益模型对中国股市泡沫进行测算。由于其对于折现率的主观假设等问题，剩余收益模型在实践中常受到一定程度的质疑。

股利倍数法由诺登和夏勒（Norden and Schaller，1993）提出，该方法的基本思想为假设对数股利服从随机游走过程，在这一假设下预期的基本价值为当期股利的倍数。赵鹏和曾剑云（2008）参考上述研究构建了中国的周期泡沫模型。尼吉（Nneji，2015）基于该方法度量了股票价格泡沫，并研究了流动性与股价泡沫之间的关系。除上述方法外，还有部分研究基于资产定价模型进行股票价格泡沫的提取，如吴世农等（2002）利用资本资产定价模型确定股票资产的基本价值，进而通过与股票价格的比较得到泡沫成分。

1.2.2.2 房地产价格泡沫的测度

上述方法通常仅适用于股票资产，而针对房地产等一般金融资产由于缺乏对应的定价方法和数据，通常难以施行。关于房价泡沫，本节介绍的测度方法主要包括收益还原法、不可观测变量法以及宏观因素还原法。其中收益还原法类比于股价泡沫中的股利折现方法，而后两种方法均适用于多种资产价格泡沫的测度。

类比于股票市场，一些学者提出了收益率还原法，用以度量更一般的资产价格泡沫。史密斯等（Smith et al.，2006）将租金视作股利，通过构建现值模型测度美国房地产价格泡沫。哈茨和奥托（Hatzvi and Otto，2008）基于该测度，发现悉尼西部地区的房地产价格中的很大部分无法用租金和折现因素解释，该地区具有较为严重的房地产投机泡沫。估计房价基本价值的另一类方法则通过构建住房消费需求模型展开。该方法认为，住房消费需求最能反映在租金水平上，但由于多数地区的租金数据难以获得，布莱克等（Black et al.，2010）在实际住房价值与实际可支配收入现值之间的比率固定的前提假设下，使用可支配收入取代租金收入进而估计住房价格的基本价值，该方法可视作现值模型的扩展研究。

不可观测变量法，通常将股市泡沫视为一个不可观测的状态变量，并通过卡尔曼滤波提取该泡沫成分。亚历山德里（Alessandri，2006）结合收益率还原法，从理性资产价格泡沫的角度，基于现值模型以及卡尔曼滤波，利用租金以及利率数据还原房地产的基本价值。肖和谭（Xiao and Tan，2016）基于该方法将 20 世纪八九十年代香港巨大的房价波动归因于周期性的投机泡沫破裂，并认为限制供应是房地产市场投机泡沫产生的关键原因。吴（Wu，

2010）利用状态空间模型估计了股票市场中的理性泡沫，认为基于状态空间模型测度的股市泡沫可以连续崩溃和重新启动，因此克服了不稳定性问题。常等（Chang et al.，2009）基于该方法发现，2008年台北楼市价格泡沫显著。腾等（Teng, et al.，2013）基于该方法考察了土地使用权对房地产泡沫的影响。

最后，在测度房地产价格泡沫以及股票价格泡沫的研究中，较为常用的方法是宏观因素还原法，即通过采用适合的宏观经济变量作为股票资产和房地产资产基本面的代理变量。在股票价格泡沫方面，艾哈迈德等（Ahmed et al.，1999）基于该思想，采用带有区制转换的向量自回归模型，对太平洋沿岸的10个国家的股票收益进行了讨论，该研究以自回归的残差值作为泡沫的代理变量展开。借鉴该方法，国内学者陈长石和刘晨晖（2015）对中国资产价格泡沫进行测度。林思涵等（2020）基于中国主要宏观数据，通过误差修正模型测度了中国上证主板和深证主板市场泡沫。而在房地产价格泡沫方面，奎格利（Quigley, 1999）认为，在竞争的住房市场中，价格是由住房的供求决定的，基本面是由供需因素组成的。价格泡沫的存在可以被解释为房价与供需侧宏观经济变量之间的关系所决定的价格偏离基本价格的部分。如果观察到的价格与需求和供应变量预测的价格一致，则资产价格泡沫就不存在。基于该思想亚伯拉罕和亨德斯肖特（Abraham and Hendershott, 1996）运用宏观经济变量模拟基本的实际住房价格，以检验房价泡沫的存在。国内学者刘晓星等（2018）借鉴该方法对中国资产价格泡沫与金融杠杆的基本逻辑展开讨论。

综上所述，当前关于资产价格泡沫的识别研究中，使用较为广泛的研究方法来自菲利普斯等人关于右尾单位根的系列研究，以及索内特等人的对数幂律周期模型。为准确识别中国资产价格泡沫的运行周期，进而厘清中国资产价格泡沫以及崩盘进程，本书在资产价格泡沫识别研究中采用上述由菲利普斯等（Phillips et al.，2015a）提出的PSY方法。而在泡沫测度方面，囿于当前的测度研究具有较大分歧，在之后的实证分析中，本书基于数据可得性以及易于计算角度考虑，采用误差修正方法进行泡沫测度。此外还采用PSY泡沫识别与实际价格数据匹配的方法获得泡沫测度指标。

1.3 资产价格泡沫的形成机理研究综述

泡沫、崩溃和金融危机一直是金融市场反复出现的现象。在金融市场的历史上，充斥着大量资产价格超出基本面的时期。迄今为止，经济学家对究竟是什么经济力量导致这种情况的发生还没有达成一致意见。虽然每次特定的繁荣和危机都显示出不同的细节和特征，但均会出现相似的运行模式。关于资产价格泡沫变化机制的描述，更多倾向于对已发生泡沫事件的生动描述，缺乏足够的理论支撑。许多文献都试图将资产价格泡沫的变化机制形式化、理论化，而现有理论模型通常仅能解释该框架的某一环节。下面将对资产价格泡沫形成机理的研究进展进行梳理，分别从无摩擦的理性预期理论、引入金融摩擦的理性资产价格泡沫理论、信贷泡沫以及非理性泡沫（Brunnermeier et al.，2012）的角度对资产价格泡沫的形成机理展开综述。

1.3.1 有效市场假说与理性资产价格泡沫

有效市场假说（efficient markets hypothesis，EMH）认为，实际价格反映基本价值，该假设的关键设定在于：无限制套利和理性代理人。该假说认为，理性投资者在形成预期过程中，可以正确地处理所有可用的信息并根据外部的信息调整自身的投资策略，在有效市场框架下任何投资策略都不能获得超额回报，理性的投资者会消除无风险的套利机会（Fama，1965）。因此在有效市场假说下，资产价格泡沫是无法存在的。

有效市场假说对于金融的意义与理性预期假说对于宏观经济学的意义是一样的。宏观经济学家试图在理性预期框架下，用市场主体的完全理性解释经济中出现的泡沫现象。如梯若尔（Tirole，1982）、桑托斯（Santos，1997）指出，在潜在交易者的数量是有限的、交易者都是理性的、交易者一开始对所面临的经济环境有着共同的先验信念，以及在进行任何交易之前都能有效地分配资源的前提下，理性预期模型中很难产生理性资产价格泡沫。并且，不论在无限期的一般均衡理论还是有限期的标准新古典理论下，均可以通过逆向归纳法以及一般均衡排除泡沫资产的存在（Brunnermeier，2002），原因是，泡沫存在的一个必要条件为泡沫资产的增长速度不能超过经济的增长速度，否则投资者将不会购买泡沫资产，且泡沫资产的增长将超过经济中的总财富（Brunnermeier and Oehmke，2012）。而在确定性经济中，具有外生收益的资产或本质上无用的资产,其价格泡沫必须以无套利的利率增长,因此利率不能超过经济增长率。在世代交叠模型（over lapping generation，OLG）中,经济是动态无效的。

因此,早期关于理性泡沫的研究大多围绕着资产价格泡沫在降低经济动态无效率方面具有积极作用（Samuelson，1958；Diamond，1965；Tirole，1985）,并基于此形成了理性预期下资产价格泡沫分析的 samuelson-diamond-tirole 的 OLG 框架。迪巴和格罗斯曼（Diba and Grossman，1988b）从局部均衡角度出发,也认为如果资产能够自由出售,其价格不可能为负。这意味着经济中不可能存在负的确定性泡沫。布兰卡德和费雪（Blanchard and Fischer，1989）基于理性预期框架正式提出理性资产价格泡沫的概念。研究认为,对于自由出售、供给无限弹性、具有可替代性的资产,不可能出现正的确定性泡沫,否则资产价格将趋于无穷,并最终超过替代品的价格。上述研究的不足之处在于仅对确定性的泡沫进行讨论,即该类泡沫不发生破灭且容易预测。布兰查德和沃森（Blanchard and Watson，1982）建立了随机理性泡沫模型,假定泡沫以一定概率持续存在,以剩余概率爆发。该理论认为,只要泡沫存在,就必然呈现爆炸式增长,并且随机泡沫才是现实经济运行中存在的更为广泛的泡沫形式。随机泡沫的具体例子是内在泡沫,其假设泡沫成分与随机红利过程存在确定性关系（Froot and Obstfeld，1991）。

尽管理性泡沫理论拥有较好的分析框架,但其对现实现象的解释却缺乏力度。具体表现为,首先,理性泡沫仅在经济动态无效率情况下产生,即利率低于资本的边际收益时才会存在理性泡沫。上述任何一个理性泡沫模型均可以通过一般均衡和零和博弈证明其无法存在。其次,上述理性资产价格泡沫模型仅描述了泡沫的持续条件,并未阐述泡沫的产生原因,且无法对泡沫的崩盘开展建模。为进一步探究资产价格泡沫的形成机理和变化机制,后续的研究综述主要从三个方面展开：一是在原有的理性泡沫框架下引入金融摩擦,试图从金融市场的不完全性角度解释泡沫的存在及其变化；二是从代理角度出发,研究信贷变化下资产价格泡沫的演化；三是从投资者行为角度出发,通过投资者行为的非理性特征、信息摩擦角度解释资产价格泡沫的变化。

1.3.2 金融摩擦与理性资产价格泡沫

早期的理性泡沫研究均在无摩擦条件下建模,即所有投资者都面临着相同的资本回报率。事实上,在存在金融摩擦的情况下,利率不需要准确地反映资本回报率，即使在有效经济下泡沫也可能存在（Martin and Ventura，2018）。如经济中包含着高效投资者和低效投资者，其中高效投资者享受着高于经济增长的资本回报率，低效投资者的资本回报率低于经济增长率。在这种经济中，泡沫就会在无效的投资者群体中产生，并且泡沫的增长速度介于资本回报率与经济增长率之间，金融摩擦在利率和资本回报率之间形成了一个缺口（Ventura，2012）。其中，无摩擦的有限期 OLG 框架下，资产价格泡沫在经济动态无效下存在，其本质也是隔代交易者之间不能交易而引起的金融摩擦所致（王永钦等，2016）。

伍德福德（Woodford，1990）、阿扎利艾迪和史密斯（Azariadis and Smith，1993）最早探索了金融摩擦对泡沫存在的影响，他们分别展示了流动性约束和逆向选择如何抑制均衡利率并创造泡沫。法里和梯若尔（Farhi and Tirole，2012）、希拉诺和柳川（Hirano and Yanagawa，2016）认为，较强的抵押品缺失导致的信贷约束会扩大资产价格泡沫的规模。青木等（Aoki et al.，2014）认为，缺少对未来不确定性状态进行保险以及保值工具是导致资产价格泡沫的原因之一。在清泷和摩尔（Kiyotaki and Moore，1997）以及伯南克和格特勒（Bernanke and Gertler，1999）将金融加速器机制引入宏观经济模型后，从金融摩擦导致的金融市场的不完全性角度对资产价格泡沫进行的研究变得更为丰富。金融摩擦不仅放松了泡沫存在的条件，而且使泡沫扩大了资本存量和产出。近年来关于金融摩擦的多数研究是围绕着借贷约束、流动性约束（Farhi and Tirole，2012）和财富效应（Martin and Ventura，2012）展开的。苗和王（Miao and Wang，2018）以及格隆等（Guerron et al.，2018）强调了泡沫作为流动性提供者的作用。在这些模型中，泡沫使代理人将资源从非生产期转移到生产期，因此理性的代理人愿意持有泡沫，因为他们期望在未来投资的时候卖出泡沫或以泡沫作为抵押进行借款。但董丰和许志伟（2020）基于金融摩擦以及动态随机一般均衡模型（DSGE）分析得到，虽然资产泡沫的存在可以缓解融资约束带来的流动性短缺，改善由于信贷约束导致的资源错配，但是资产泡沫的膨胀与破灭又会加大整个金融系统风险，甚至对宏观经济造成威胁。

引入金融摩擦后，在理性框架下，资产价格泡沫的存在变得更为宽泛，将理性泡沫纳入标准的宏观经济模型中增强了对经济现象的解释能力。其中，关于泡沫的形成因素主要从信贷约束、抵押品约束、流动性约束等角度展开。并且，基于此有大量的理性泡沫研究关注了资产价格泡沫的宏观经济效应，其中包括福利效应、资源分配效应等。

1.3.3 委托投资与信贷泡沫

2008年金融危机以来，越来越多的证据表明资产价格泡沫、信贷繁荣、经济萧条同金融危机之间存在广泛联系（Schularick and Taylor，2012）。明斯基（Mishkin，2009）将资产价格泡沫区分为非理性繁荣泡沫和信贷驱动泡沫。约尔达等（Jordà et al.，2015）通过对17个国家的房地产和股票市场进行的研究表明，在信贷繁荣的推动下，资产价格泡沫增加了金融风险，一旦泡沫崩溃，随之而来的往往是更深层次的衰退和更缓慢的复苏。米安和苏菲（Mian and Sufi，2009）认为，资产价格的繁荣取决于信贷的增长。

信贷繁荣引发的资产价格泡沫的理论研究主要分为两类：

一类是在理性资产价格泡沫框架下基于金融摩擦展开的，如马丁和文图拉（Martin and Ventura，2016）以及苗和王（Miao and Wang，2018）在信贷和泡沫的一般均衡模型中得出泡沫的破裂会将经济推入衰退。由于前文对金融摩擦下信贷约束与资产价格泡沫之间的理论分析已进行了较多介绍，此处不作进一步分析。

另一类则是强调信贷泡沫的风险转移作用。该类研究中的一个常见假设是，泡沫资产的购买是由信贷融资的，购买泡沫资产的人实际上是资金提供者的代理人。该理论框架下允许出现资产泡沫的原因是，那些借钱购买风险资产的代理人愿意购买资产，即使其价格超过了资产的预期回报，因为他们只关心股息的给付（Allen and Gorton，1993；Allen and Gale，2000；Barlevy，2014；Ikeda and Phan，2016）。如艾伦等（Allen et al.，2022）的主要结论是，投资者使用借款投资风险资产可以以违约的形式避免损失进而转移风险，从而导致资产价格攀升。同时该研究还认为，信贷扩张程度的不确定性也容易引发泡沫，从而将包括商业银行、中央银行在内的银行体系与泡沫的产生联系在一起。

国内关于信贷泡沫的研究多围绕实证分析展开，项后军等（2015）、马勇和陈雨露（2017）认为，由信贷驱动的"杠杆化"过程通常会引起资产价格的暴涨暴跌。金融杠杆化过程导致低储蓄、过度投机的产生以及实体经济的资源错配，从而引发金融和实体经济不稳定。刘晓星等（2018）探讨了杠杆对资产价格的非对称性和非线性影响，研究发现，不同部门的杠杆调整对资产价格的影响在强度和方向上均存在较强差异。刁伟涛（2017）发现，中国地方债务存在明显的经济增长门限效应，当地方杠杆率高于某个阈值时，地方政府杠杆的经济增长促进效应消失。纪敏等（2017）基于对不同类型杠杆的内涵分析，提出了要合理地把控杠杆和经济结构转型的进程，既要避免"去杠杆"过程中的"债务-通缩"风险和流动性风险，又要避免杠杆快速推升引发的资产价格异常波动。

1.3.4 行为金融学框架下的资产价格泡沫

上述研究中，不论理性资产价格泡沫还是信贷泡沫，其关于泡沫形成机理的分析多停留在宏观理论与实证层面，缺乏对细致的微观因素的论证。本节将重点从资产价格泡沫的微观形成机理角度在放松理性预期和有效市场假设的前提下解释泡沫的成因，探讨在行为金融学框架下，信息摩擦以及投资者非理性因素引起的投机泡沫的形成机理。

1.3.4.1 信息摩擦

信息摩擦被认为是允许泡沫存在的微观因素之一（Barlevy，2014；Brunnermeier，2014）。有效市场理论认为，在市场出现泡沫时理性套利者通常会立即消除泡沫，使价格回归基本价值。而研究信息摩擦的学者则试图回答究竟是何种机制的存在阻碍了理性套利者对股价的"纠正"。

最早证明非对称信息会导致资产泡沫的研究来自艾伦等（Allen et al.，1993）。他们的研究考虑到这样一种情况，即有信息表明一项资产不支付股息，因此其基本价值为零，而资产的均衡价格为正。该情景假设每个交易者都收到指示红利为零的信息，但没有一个交易者知道其他交易者还有哪些信息。因此，即使所有交易者都意识到资产毫无价值，只要交易者不知道其他人都意识到资产毫无价值，资产的价格也可以是正的。当然上述情况在实际中并不常见，其仅作为信息摩擦的极端例子，实际经济中很多关于泡沫的经济事件通常伴随着较高的交易量，并且泡沫通常经历较长的持续期后破灭。康伦（Conlon，2004）对上述研究进行了改进，即允许泡沫持续一个时期以上，资产在两个交易者之间来回交易。之后的研究中，研究者试图建立泡沫持续数个时期的不对称信息模型，又称泡沫"乘骑"模型。其中比较有代表性的研究来自阿布勒和布伦纳迈尔（Abreu and Brunnermeier，2003）提出的同步合作风险引起的延迟套利所导致的资产价格泡沫。马德里（Madrid，2012）基于上述研究构建了一个内部一致的泡沫模型，将价格过程内在化为具有多维不确定性的离散化环境。假设每个时期都会有一些交易员需要流动性，因此迫切需要流动性的代理人和愿意持有资产的代理人之间的交易会带来收益。该研究表明，随着经济中噪声的增加，更大泡沫的形成成为可能，因为有更多的代理人能够在崩溃前卖出资产。关于信息摩擦的研究本质是金融摩擦的微观表现，信息摩擦所导致的资产价格泡沫的形成原因依然是资本市场的有效性不足。关于信息摩擦的近期研究主要来自康伦（Conlon，2015）等对以往研究假设的进一步扩展。

1.3.4.2 非理性资产价格泡沫

导致资产价格偏离基本价值的微观因素通常有两个，分别为套利限制与投资者的非理性。上述综述的形成机理多基于套利限制展开，而在现实中，市场充斥着在先验信念、信息、知识、认知和处理能力方面存在差异的投资主体，这种异质性很难被市场互动所消除（Pesaran and Johnsson，2016）。从梯若尔（Tirole，1982）提出泡沫无法存在的条件开始，就不断有研究试图通过放松泡沫的存在条件来解释泡沫的成因，其中比较有代表性的研究为对投资者理性，以及一致的先验信念进行放松以获得泡沫的存在条件。其中，异质信念理论框架来源于代理人对资产的基本价值有不同的先前信念；而有限理性导致的非理性价格泡沫，来源于一些代理人的交易方式不依赖于基本面而导致的噪声交易、羊群效应以及过度自信等。

异质信念理论认为，投资者的心理偏差会导致投资者具有不同的先验信念分布。如沙因克曼和熊（Scheinkman and Xiong，2003）假设，如果投资者对他们接收到的信号的精度过于自信，会导致信号噪声项的先验分布不同（方差较低）。区别于信息摩擦，在该设定下投资者无法从价格中推断其他交易者的信息。米勒（Miller，1977）的研究中，已对卖空约束下投资者异质信念对资产价格的影响进行了分析，并得出在卖空约束条件下，投资者异质信念水平越高，资产被高估的可能性越大，股价偏离其基本价值的程度越高。洪和斯坦因（Hong and Stein，2003，2007）研究了卖空约束下异质信念对股市暴跌作用的微观机理，同时成功地解释了暴跌现象的三大特征：无信息支持、不对称性和传染性。该研究结论支持了卖空约束下，投资者异质信念对股市暴跌具有较强解释能力的猜想。欧菲克和理查德森（Ofek and Richardson，2003）将这个观点与 20 世纪 90 年代末的互联网泡沫联系起来。通过异质信念的设定研究资产价格泡沫的优势在于，能够将资产价格泡沫与高成交量以及资产价格的高波动性相联系，使资产价格泡沫的运行机制更贴近现实市场（Hong et al.，2006）。通常排除泡沫的零和博弈不适用于具有异质信念的环境，因为每个交易者都认为自己能从未来交易中受益。从任何一个交易者的角度看，他的交易都会给他的交易对手带来负外部性（Brunnermeier et al.，2012）。

国内研究中，陈国进和张贻军（2009）通过检验卖空约束下异质信念与个股暴跌风险发现，异质信念越强，市场发生暴跌的可能性越大。中国股票市场上散户投资者占主体，散户群体多表现出"追涨杀跌"的羊群行为，即便是机构投资者，也存在明显的羊群效应（刘刚等，2016；向诚和陆静，2018）。熊熊等（2017）研究发现，异质信念在卖空约束开放后显著增强，在不存在卖空约束下，异质信念对于股价定价过高具有一定的缓解作用。虞文微等（2017）通过建立双重差分模型认为，融资融券机制的开展能够降低异质信念以及特质波动率水平。张普等（2018）对投资者异质信念与股票的波动价值进行了研究，发现股票波动价值在股价构成中的上升会改变市场参与者的偏好和信念。

从发生的泡沫案例看，投资者并非总是理性的，某些泡沫现象是由市场主体的非理性行为所致。席勒（Shiller，2000）指出，"非理性繁荣"时期的美国股市高股价现象得以维持的主要原因是，投资者对于当时股市整体看涨的情绪。"噪音交易者"一词最早由布莱克（Black，1986）提出，用其描述非理性投资者。德隆等（De Long et al.，1990）首次提出噪音交易模型，试图从微观角度解释资产价格的存在原因。该模型引入了噪音交易者，并假设部分投资者是有限理性的且套利行为存在风险。因此当噪音交易者的先验信息具有不可预期性时，风险厌恶的理性套利者无法有效纠正资产价格使之回归基本价值。德隆等（De Long et al.，1990）认为，尽管长期内套利交易者可能会促使资产价格回归至基础价值，但是至少在短期内，噪音交易助长了泡沫的形成和膨胀。而后王连华和杨春鹏（2005）、赫什莱佛（Hirshleifer，2006）、扈文秀等（2016）对噪音模型进行了扩展。非理性泡沫的另一类研究是围绕着投资者情绪、羊群效应展开的，比较有代表性的研究来自萨莫斯（Summers，1986）提出的时尚模型，以及巴尔贝里斯等（Barberis et al.，1998）提出的投资者情绪模型，等等。

关于非理性泡沫的更多描述来自实验金融方面的研究进展，实验金融学通过基本面价值和贴现率的设定探讨泡沫的成因（Smith et al.，1988）。约翰森等（Johansen et al.，2000）提出了反映噪音交易者模仿和羊群行为的具有临界分岔点的碰撞危险率模型。霍姆斯（Hommes，2006）从预期形成和预期协同的角度，将资产泡沫的产生原因归结为非理性交易者的过度反应和动量交易等。

综上所述，目前关于资产价格泡沫形成机理的研究中，在宏观层面被广泛重视的研究主题是信贷因素对资产价格泡沫的影响。现有研究多从宏观总体层面探讨经济中的信贷总量与资产价格泡沫之间的相关关系。而鉴于金融杠杆涉及多个、多种微观部门，且不同微观主体的杠杆水平通常具有较大差异，因此本书从分类型杠杆角度考察了信贷杠杆的调整对资产价格泡沫的非对称动态影响。在微观层面，长期以来将非理性预期视为影响资产价格泡沫形成的核心因素，但目前关于非理性泡沫的理论研究尚未成熟，本书基于中国资本市场的实际运行情况，从投资者非理性预期角度研究了卖空约束导致的有限套利对资产价格泡沫的影响机理。

1.4 资产价格泡沫的传染效应与政策效应研究综述

在资产价格泡沫的研究框架中，关于资产价格泡沫的影响效应和政策治理，通常是政策制定者和研究者较为关心的问题，本节将重点围绕上述两方面展开综述。

1.4.1 资产价格泡沫的传染效应研究

关于资产价格泡沫影响效应的研究通常从资源配置效应、福利效应、经济增长效应等角度展开，从结果优劣角度可以将其分为正向影响和负向影响。其中部分研究认为，资产价格泡沫在减少固定时间内资源配置的无效性方面具有积极影响（Farhi and Tirole，2012；Miao and Wang，2012，2018；Martin and Ventura，2012；Ikeda et al.，2020；Graczyk and Phan，2021）。格罗斯曼和柳川（Grossman and Yanagawa，1993）、希拉诺等（Hirano et al.，2015）认为，资产价格泡沫会将生产资源挤出，进而导致资源配置无效的加深。卡胡克和沙勒（Cahuc and Challe，2012），王等（Wang et al.，2015）认为，资产价格会导致特定部门的资源配置过量。卡瓦列罗和克里希纳穆尔蒂（Caballero and Krishnamurthy，2006）、池田和潘（Ikeda and Phan，2016）认为，资产价格泡沫加剧了资产价格的波动；巴列维（Barlevy，2014）、邦吉和潘（Bengui and Phan，2018）认为，资产价格泡沫会导致经济中发生更多的信贷违约。虽然关于资产价格泡沫对宏观经济变量的影响已有大量文献记载，但目前尚未形成统一结论。然而除上述视角外，现有研究对资产价格泡沫的金融效应的研究少之又少，众所周知，金融危机的发生不仅是宏观经济冲击的结果，其过程还配合着金融部门内部传染效应的加剧（Brunnermeier et al.，2020），因此本节重点关注资产价格泡沫的传染效应。

同资产价格以及资产价格波动的信息溢出类似，资产价格泡沫的传染性为金融市场信息传递的表现之一，是诱发金融市场产生联动的核心因素。金融市场联动效应代表性理论通常包括经济基础说、资本流动说以及市场传染理论等。其中，经济基础说和资本流动说强调，金融市场间的联动性尤其是国际市场间的联动性，取决于不同经济体经济基本面之间的联系，以及跨国投资者的资产配置（Solnik，1974；Adler and Dumas，1983；Bae et al.，2003；Ehrmann et al.，2011；Alagidede et al.，2011）。金融市场间以及金融机构之间复杂的业务往来，导致金融机构之间的信息以金融资产负债表途径进行传导。市场传染理论则强调，即便在经济体基本面未发生大幅波动的情况下，仅金融市场本身波动也会引起金融市场间的联动。该理论更多地从投资者情绪、羊群效应以及有限理性等角度对市场联动进行解释（King and Wadhwani，1990；Connolly and Wang，1999；Kodres and Pritsker，2002），即当单个行业或金融市场发生金融风险事件时，由于信息不对称，投资者羊群效应等因素的存在会导致投资者产生恐慌心理，并提前赎回或卖出其资产以避免损失，保持自身流动性。这会对其他板块造成冲击，进而导致金融风险的传染（Andersen et al.，2007）。

相比于理论研究，实证研究成果则更为丰硕。尽管金融市场是一个复杂多变的系统，市场间的信息传递难以捉摸，但依然有众多学者根据信息传播的规律，试图捕捉金融市场间的联动机制。在金融系统联动性的研究中，基于"连通性"的研究被认为是现代金融风险度量和金融资产管理的核心（Diebold and Yilmaz，2014）。近年来，有大量的研究围绕连通性展开。如基于金融机构系统违约概率的测度方法为该研究的重要方面。艾德里安和布伦纳迈尔（Adrian and Brunnermeier，2016）提出了条件在险价值（CoVaR），用以度量整个金融系统和特定机构之间的尾部依赖关系。阿查里雅等（Acharya et al.，2012）提出了边际期望短缺（MES）方法，用于测度系统在极端事件下个体企业收益率的变化。阿查里雅等（Acharya et al.，2017）提出了系统性风险指数 SRISK，研究在金融危机发生时，预期某个金融机构所需的资本。基于连通性测度的另一角度则为利用主成分分析和格兰杰因果检验度量金融系统的连通性程度（Billio et al.，2012）。众多的网络研究方法中，迪博尔德和耶尔马兹（Diebold and Yilmaz，2009，2012，2014）提出的基于 VAR 模型的连通性测度（DY 测度），是应用最为广泛的方法之一。该方法将金融系统视作一个大型的复杂网络，并基于 VAR 模型以及广义方差分解矩阵定义连通度，进而给出带有方向性的连通性指数。

纵观上述研究，目前关于资产价格泡沫传染效应的研究相对较少，人们讨论系统性金融风险多从金融机构资产负债表、上市金融公司的资产价格收益以及波动率展开。鉴于资产价格泡沫对于系统性金融风险的重要作用，本书基于中国股票市场数据，采用时变 DY 测度对行业间的资产价格泡沫的传染效应展开研究。

1.4.2　资产价格泡沫的政策治理研究

对于政策制定者该如何应对资产价格泡沫，目前还没有达成广泛共识。关于政策治理的第一个争论在于资产价格泡沫的治理工作应是"事前干预"还是"事后清理"。以伯南克和格特勒（Bernanke and Gertler，2001）为代表的早期观点认为，由于资产价格泡沫无法精准度量，并且使用货币政策调控资产价格泡沫会产生巨大的经济成本，因此货币政策仅对通货膨胀和产出缺口做出反应即可，资产价格泡沫可以与其结合到同一框架下而得到有效规避。而以博里奥和罗威（Borio and Lowe，2002）等为代表的研究认为，历史证据表明，资产价格快速增长的时期往往会伴随着经济衰退和金融危机，尤其在资产价格上涨过程伴随着信贷快速增长的情况下。因此面临资产价格快速上涨的情况，央行应积极尝试通过加息抑制资产价格泡沫。在 2008 年金融危机后，政策制定者普遍认识到"事后清理"的经济损失是巨大的，因此面对资产价格的快速上涨应采取积极的政策治理加以抑制。

涉及政策治理的另一争论为应该采用何种政策进行泡沫治理。关于泡沫治理的政策工具通常包含财政政策、宏观审慎政策以及货币政策。马丁和文图拉（Martin and Ventura，2011，2016）的研究中，探讨了征税能力有限的政府能否通过扩大公共债务管理泡沫。希拉诺等（Hirano et al.，2015）强调财政政策对于泡沫事件事后救助的重要性。阿尔赛和洛佩斯（Arce and Lopez，2011）研究了财政政策干预，可消除"错误"资产上产生扭曲的泡沫，并在"正确"资产上培育泡沫。关于宏观审慎监管政策的研究在金融危机之后得以展开，其监管要义在于央行应该以一种旨在维护整个金融体系的方式监督和监管银行，而不是确保单个银行的健康。卡瓦列罗和克里希纳穆尔蒂（Caballero and Krishnamurthy，2006）强调事前宏观审慎监管的重要性。明斯基（Mishkin，2008）将资产价格泡沫区分为非理性繁荣泡沫和信贷驱动泡沫，而宏观审慎监管政策的监管目标则是信贷泡沫。关于宏观审慎监管的政策争论在于其和货币政策谁更有效。如斯文森（Svensson，2012）、布洛等（Blot et al.，2017）、克拉德等（Collard et al.，2017）、巴列维（Barlevy，2018）认为，与货币政策相比宏观审慎方法的优点是，可以有针对性地对特定的金融机构和特定的资产进行监管，而不会对宏观经济结果产生更广泛的影响。施泰因（Stein，2014）认为，货币政策在抑制泡沫方面比宏观审慎政策更有效。

近期关于政策治理的争论主要围绕货币政策展开，在理论研究中关于扩张的货币政策可以推动资产价格泡沫滋生的观点是一致的，但关于紧缩性货币政策可以抑制资产价格泡沫的观点存在争议。该争论的核心在于货币政策"逆风操作"是否可行。"逆风操作"的支持者认为，虽然针对资产价格波动的货币政策会导致实际产出偏离目标产出，但这种损失是可以被政策缓解危机的潜在收益所覆盖（Issing，2009）。蒙塔兹和苏里科（Mumtaz and Surico，2012）等认为，扩张性的货币政策有助于滋生资产价格泡沫，扩张的货币政策被认为是推动资产价格泡沫破裂的主要因素，而紧缩性货币政策可以抑制资产价格泡沫。昂格雷尔（Ungerer，2015）实证研究发现，通过信用扩张和高杠杆驱动的资产价格泡沫会在泡沫破裂后对实体经济带来更为严重的负面冲击，因此要通过紧缩性货币政策抑制信贷扩张和杠杆推升。在反对"逆风操作"的研究中，如加利（Galí，2011）说明了理性资产价格泡沫与货币政策的关联机制，由于名义刚性的存在，央行通过提升实际利率而施行紧缩性货币政策会增加泡沫的规模。加利等（Galí et al.，2015）进一步通过实证分析得到，外生的货币政策冲击的确会导致资产价格的短暂下跌但长期仍呈现上升趋势。闫先东和朱迪星（2016）认为，针对资产价格波动的货币政策具有较强的不确定性，货币政策的操作结果并不能令人满意。

综上所述可知，对于资产价格泡沫的预防和处理目前依旧没有形成统一的理论共识，资产价格泡沫的"逆向操作"框架缺乏充足的理论依据和实证支持。因此本书针对中国的政策实况，通过构建理论模型与实证模型，探讨了价格型货币政策和数量型货币政策对中国股票市场与房地产市场资产价格泡沫的治理效应。

1.5 研究方法、研究创新与研究不足及展望

1.5.1 研究方法

在以资产价格泡沫为主题的研究分析中,本书注重理论分析与实证分析相结合,并运用多种计量、统计模型对现存的经济事实和理论结论加以论证。

1.5.1.1 文献分析

通过对过往大量文献细致、清晰的研究综述,本书总结了关于资产价格泡沫研究较为完整的框架,即资产价格泡沫的识别和测度→资产价格泡沫的形成机理→资产价格泡沫的影响效应→资产价格泡沫的政策治理。基于这个研究框架,重点对该框架的重要环节展开全面的理论研究以及实证研究。

1.5.1.2 典型事实与理论分析相结合

关于资产价格泡沫的理论研究成果较为丰富,但缺乏现实支撑。本书首先介绍了理性资产价格泡沫以及非理性资产价格泡沫的核心理论基础,而后在资产价格泡沫的形成机理以及政策效应的研究中,给出了相应的理论分析框架和分析结论。在此基础上,本书注重典型事实和理论分析相结合,结合资产价格泡沫的典型事实,尤其是中国资产价格泡沫的典型事实,通过对其进行测度、总结和归纳,以此论证理论分析结论。

1.5.1.3 规范分析与实证分析相结合

本书从不同角度出发对资产价格泡沫进行了计量分析,对于每个重点问题,首先通过构建数理分析模型或者理论逻辑模型说明核心对象间的关联机制,得到初步的理论结果与理论判断。而后,运用计量经济学方法对相应的理论结论进行实证检验。本书涉及的主要计量经济学模型包括 PSY 模型、RTV-VAR 模型、NARDL 模型、时变 DY 模型以及 TVP-VAR 模型,涉及的统计软件包括 R 语言、Python、Matlab 以及 Stata 等。

1.5.2 研究创新

对资产价格泡沫的识别测度、形成机理及与其他宏观变量间的关联机制的研究,既对完善现有的资产价格泡沫研究框架具有重要的理论意义,同时又对金融风险防范以及促进实体经济的有序、健康发展具有重要的现实意义。

由于资产价格泡沫的种类众多，生成演化机制多样，涉及的经济部门复杂，因此对其展开全面而系统的研究是一项十分艰巨的工作。当前，不论从理论研究还是实证研究，关于中国资产价格泡沫的讨论多偏向于针对某一类型或某一阶段，并且尚未形成统一结论。鉴于此，本书从中国实际出发，以资产价格的不同类型、不同运行阶段为切入点，对其展开识别测度。基于此，进一步考察中国资产价格泡沫的形成机理、传染机制以及政策治理效应，以此得到一些有益结论。

本书的创新与优势体现在四个方面。

1.5.2.1 全面、准确地识别我国资产价格泡沫

关于资产价格泡沫的检验是本书研究中重要的环节之一。本书重点采用PSY程序对中国股票市场和房地产市场资产价格泡沫展开广泛识别。该识别方法将资产价格泡沫化进程设置为温和的爆炸过程，将泡沫崩溃时的资产价格运行进程设置为随机漂移过程，进而通过ADF检验进行滚动拟合以实现对泡沫过程的识别。同时，PSY识别程序的递归算法在实现对资产价格泡沫化过程，以及泡沫崩溃过程的实时识别基础上，能够进一步通过倒向拟合测度资产价格的泡沫周期。此外，其测算过程中产生的统计序列BSADF指标对于单一的资产市场，能够作为资产价格泡沫规模的代理变量。而在针对多层次资产价格泡沫的形成机理、影响效应以及政策治理的实证分析中，本书采用PSY识别程序与向量误差修正、趋势匹配等传统量化指标相匹配的原则，使得泡沫规模测度结果更具精准性和全面性。相比于以往的研究只对某一方面或某个市场进行识别或测度，本书侧重于对资产价格泡沫的多层次检验，将资产价格泡沫的识别和测度分开进行，并以识别结果为主测度结果为辅，以确保多层次资产市场的泡沫识别和测度更具精准性。

1.5.2.2 多层次考察资产价格泡沫的形成机理

在实际中，不同的资产价格泡沫类型其形成机制存在较大差异，因此对其研究应有所侧重。本书较大程度地结合中国资产市场的发展实际，在关于房地产资产价格泡沫的形成机理研究中，重点考察了房地产价格泡沫的杠杆效应，是由于中国信贷与房地产泡沫存在紧密联系。本书采用NARDL模型考察了分部门金融杠杆对资产价格泡沫的非对称动态异质性影响。NARDL模型在建模过程中将核心解释变量长期、短期进行正负分解，进而考察解释变量对被解释变量的长期、短期非对称影响。相比于以往研究中侧重于对整体信贷层面的研究，本书更注重不同金融部门对房地产价格泡沫的长期、短期异

质性影响。此外，在对股票价格泡沫的形成机理研究中，结合中国股市实际，重点考察了市场不完全性、投资者非理性因素在股市泡沫形成中的作用机制，并采用 RTV-VAR 模型从卖空约束、投资者异质信念角度，分析了融资融券失衡与投资者情绪对中国股票市场价格泡沫的影响机理。RTV-VAR 模型在不设置特定区制数量的前提下，通过一阶滞后项系数考察变量之间的非线性时变因果关系，相比于固定区制设定，该无限区制设定更为客观。

1.5.2.3 研究框架完整

研究框架完整并率先考察资产价格泡沫的传染效应。本书关于资产价格泡沫的研究是基于"识别与测度→形成机理→影响效应→政策治理"的脉络展开的，主体部分围绕上述各环节对资产价格泡沫展开研究，与以往研究相比，研究脉络更具逻辑性，研究框架更具完整性。本书率先考察了资产价格泡沫的传染效应。关于资产价格泡沫影响效应的研究，过往研究集中于分析资产价格泡沫的经济增长效应以及福利效应，但鉴于资产价格泡沫作为中国系统性金融风险的关键性因素，对其传染效应的分析对中国的金融风险防范具有重要意义。因此，本书通过构造时变动态连通性指数，对资产价格泡沫的传染性展开研究，并且以中国主板市场的重要行业为对象，探讨了行业间的泡沫关联性。本书构建的时变连通性指数是在结合广义方差分解的 DY 连通性测度，与带有随机波动率和时变系数的向量自回归模型相结合的基础上，进行多种时变连通性指标构建。相较于滚动窗口估计对于窗口的过度依赖以及大量的样本损失，本书构建的时变连通性指数能够实现对市场间资产价格泡沫连通度变化的实时、精准捕捉。通过深入分析各连通性描述指标，能够实现对行业间的传染效应进行全面、动态分析。

1.5.2.4 全面分析货币政策对资产价格泡沫的治理效应

将资产价格、基础价值以及泡沫成分同时纳入货币政策目标框架，全面计量价格型、数量型货币政策对资产价格泡沫的治理效应。一直以来，关于资产价格泡沫的政策治理是资产价格泡沫研究中的核心问题。而关于中国资产价格泡沫的政策治理效应的实证研究较为匮乏。其原因在于，中国尚未发生过大规模的资产价格泡沫崩溃事件，难以精准地度量资产价格的泡沫成分和内在价值成分，使得政策模拟无法进行。鉴于此，本书重点考察了资产价格泡沫的货币政策效应，并针对货币政策的"逆风操作"框架，采用 TVP-VAR 模型，以及等间隔脉冲响应函数和等时点脉冲响应函数，从价格型、数量型货币政策两方面进行计量分析。此外，本书利用等时点脉冲响应函数构造了资产价格的内在价值成分,并以此进一步考察价格型货币政策对资产价格、泡沫成分,以及内在价格成分的差异性影响,以此为中国经济与制度环境下"逆风操作"政策框架的不可行性提供理论证据。

1.5.3 研究不足及展望

尽管本书对资产价格泡沫的研究主题进行了较为全面的理论与实证分析,限于多种原因本书仍然存在一定局限与不足之处。

1.5.3.1 研究内容方面

首先,在资产价格泡沫研究的各章节分配中,出于数据可获得性以及计量模型的限制,本书重点对股票价格泡沫展开研究,而对房地产价格泡沫的研究相对较少。其次,在资产价格泡沫形成机理的研究中,本书主要从信贷以及投资者异质信念角度进行了分析。然而,在完整的分析框架中,关于资产价格泡沫的形成因素是多种多样的,如噪声交易、金融市场的不完全性,等等。因此,关于资产价格泡沫的成因分析中,分析内容较为单薄。最后,除形成因素外,资产价格泡沫发展过程还应包含正反馈机制及最终的崩溃机制。对于该部分内容,实验金融学以及行为金融学形成了较为丰富的研究成果,本书仅在文献综述部分对其加以介绍,在后续的理论分析和实证分析中未做细致研究。

1.5.3.2 研究方法方面

首先,在资产价格泡沫识别研究中,仅将 PSY 检验结果与实际历史情况进行对比以提升结果的稳健性,缺乏多种识别方法的对比研究。其次,在 NARDL 模型使用中,由于模型中核心解释变量存在多种变形,以及计算长期累积脉冲响应的需要,导致模型中缺乏控制变量,使得稳健性略显不足。最后,基于 RTV-VAR 模型进行时变因果关系分析时,由于模型中待估参数较多,因此在模型估计过程中,仅以一阶滞后阶系数的估计为主,未对更高阶滞后系数进行估计。

在之后的研究中,笔者会继续丰富资产价格泡沫的研究框架,将各环节进行更为细致的分析与拓展研究。

1.6　研究框架与研究内容

本书以资产价格泡沫为研究对象，主要通过理论分析与实证分析展开研究。关于资产价格泡沫的研究，现有研究的核心路线以资产价格泡沫的识别与测度，资产价格泡沫的形成机理，资产价格泡沫的影响效应，以及资产价格泡沫政策治理展开，围绕这一路线本书的具体研究框架与技术路线如图 1-2 所示。

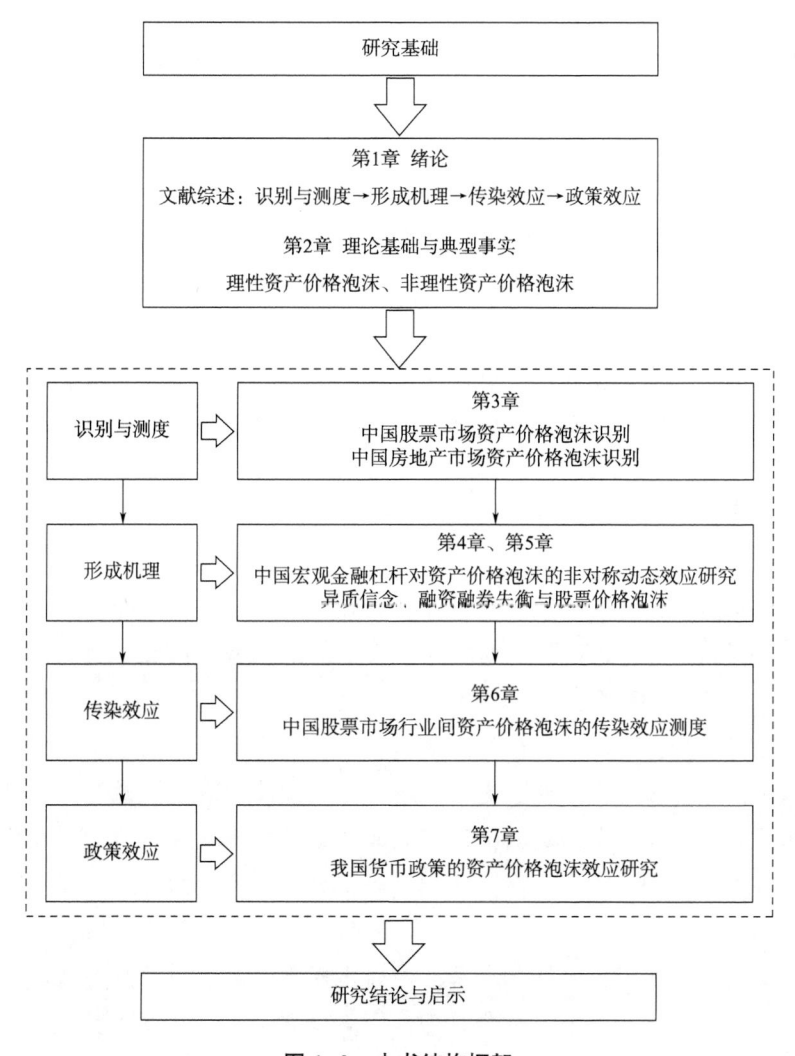

图 1-2　本书结构框架

2 资产价格泡沫的理论基础

早期关于资产价格泡沫的论述更多偏向于对经济现象的生动阐述，即以事件分析为主，缺乏统一分析框架。为进一步对其展开深入研究，众多理论研究者试图将资产价格泡沫的运行过程理论化、规范化。在后续资产价格泡沫的识别与测度，及其与其他经济变量关联机制展开系统的研究之前，本书的首要工作是对现有的资产价格泡沫理论加以总结和探析。鉴于此，本章基于现有的理论体系，对资产价格泡沫的理论基础加以介绍。

理论研究中，两个具有代表性的理论体系分别来自对理性资产价格泡沫和非理性资产价格泡沫的理论刻画方面。其中，理性资产价格泡沫理论主要依据理性预期理论和有效市场假设对资产价格泡沫进行资产定价，该类理论通过严密的理论论证和数理分析，得到在无摩擦的金融市场中通常无法产生资产价格泡沫的结论，因此，资产价格泡沫仅在经济动态无效率情形下才会产生。理性资产价格泡沫理论通常将资产价格泡沫的触发因素归因于代际摩擦、信贷摩擦、信息摩擦等金融市场不完全性。由于理性资产价格泡沫通常基于一般均衡框架进行讨论，其研究框架相对完整且理论结论规范、统一，因此受到众多研究者的广泛青睐。许多研究试图通过对理性资产价格泡沫的研究框架进行扩展，进而寻求对实际经济中的泡沫事件进行更为贴切的理论解释。

尽管理性泡沫理论拥有较好的分析框架，但其对现实现象的解释存在一定的缺陷。具体表现为，理性资产价格泡沫的理性预期前提通常无法得到满足，即投资者并非总是理性的，某些泡沫现象是由市场主体的非理性行为所致，因此关于非理性资产价格泡沫的理论研究也变得尤为重要。非理性资产价格泡沫，通常从投资者行为角度对资产价格泡沫进行资产定价，其重点考察投资者行为中的投资者情绪、羊群效应、噪音交易等非理性因素对资产价格泡沫的影响机制。由于投资者非理性因素众多，并且非理性资产价格泡沫缺乏统一的理论分析框架，因此关于非理性资产价格泡沫的理论研究尚未形成较为统一的理论结论。

具体看，本章包含四部分内容：2.1节介绍了资产价格泡沫的内涵与演化过程，以明确资产价格泡沫的含义和运行特征；2.2节基于局部均衡理论介绍了理性资产价格泡沫的标准形式及其几类典型的扩展形式，以此为后续资产价格泡沫的识别以及测度奠定理论基础；2.3节在非理性资产价格泡沫的理论基础中，基于当前的研究重点以及资产价格泡沫形成机理研究中的实证所需，重点介绍了投资者异质信念与有限套利理论，以及噪声交易与泡沫乘骑理论；2.4节为本章小结。

2.1 资产价格泡沫的内涵与演化过程

2.1.1 资产价格泡沫的内涵

关于资产价格泡沫的界定通常基于特定的泡沫事件加以概括，概括的要件包含资产价格泡沫的形成因素、演化过程以及最终结果。金德尔伯格和阿利伯（Kindleberger and Aliber，2011）通过对众多泡沫事件加以总结、分类，将泡沫阐述为"泡沫状态为一种或者一系列资产在一个连续过程中的突然上涨，最初的价格上涨会使人们产生价格继续上涨的预期，从而吸引大量的新的买主。一般来说，投资者关心的是买卖价差所带来的收益而忽视了资产本身的盈利能力，这种价格上升随着预期的逆转而结束，接着就是价格的暴跌，最后以金融危机而告终"。斯蒂格利茨（Stiglitz，2000）结合理性泡沫的特点认为，资产价格泡沫是资产价格与其基本价值（即该资产产生的股息的现值）的不同。布伦纳迈尔（Brunnermeier，2002）认为，泡沫是指资产价格超过了资产的基本价值，因为高价买入的交易者相信他可以在未来以更高的价格转售。席勒（Shiller，2000）结合非理性泡沫的特点认为，股票价格上涨是由个人投资者的非理性情绪推动的，泡沫是价格对价格反馈形式出现的"放大机制"造成的，而资产价格泡沫的本质是资产市场的非理性繁荣，资产价格的崩盘来自投资大众反复无常地改变交易策略。综合上述定义，目前大多数经济学家将泡沫定义为一种资产价格超过资产"基本面"价值的情况，尽管资产价格泡沫的定义很简单，但在实践中很难用它识别泡沫。这是因为衡量一项资产的基本价值是很困难的，它取决于尚未实现的股息预期。

结合上述关于资产价格泡沫内涵的界定可以发现，资产价格泡沫指的是金融资产或实物资产大规模的持续的错误定价，虽然不同学者关于资产价格泡沫的定义不尽相同，但可以确定的是并非所有的暂时性的错误定价都可以称之为泡沫。与泡沫相关的错误定价往往伴随着资产价格的爆炸式增长以及投资者异常的乐观情绪，典型的资产价格泡沫需要具备一定的持续性、规模和特定趋势。

2.1.2　资产价格泡沫的演化过程

关于泡沫、崩盘以及危机的演化过程，目前应用较为广泛的刻画来自明斯基对泡沫进行的早期的非正式的描述。金德尔伯格和阿利伯（Kindleberger and Aliber，2011）将该资产价格泡沫的变化过程总结为五个阶段，分别为突破性发展阶段→繁荣阶段→欣喜若狂阶段→实现获利阶段→恐慌阶段。

（1）突破性发展阶段的冲击通常可以包含外生冲击和内生冲击，其中外生冲击可以包括金融创新、政治事件以及新闻资讯等；内生冲击包括利润增加、行业的技术革新等基本面冲击。上述利好冲击导致资产价格的向上预期，进而使得资产价格进入繁荣阶段。

（2）繁荣阶段通常伴随着信贷扩张和投资增加。在繁荣阶段，价格的上涨可能会使价格开始超过创新带来的实际冲击。正如明斯基（Mishkin，2008）认为的，如果在资产增加持有阶段是通过信贷融资的，那么资产价格泡沫的放大效应和溢出效应就会起作用，进而导致经济低迷时期的严重超调。

（3）随之而来的是一段欣喜期，投资者在狂热中交易估值过高的资产，越来越多的人在没有真正了解相关过程的情况下寻求致富。在这一阶段，即便投资者可能意识到资产价格泡沫的存在，但他们有信心将来可以把资产卖出，因此这一阶段通常会伴随着高交易量。

（4）接下来是实现获利阶段，成熟的投资者在某个时点开始减少头寸，并拿走利润。伴随着成熟投资者不断地抛售资产，资产价格开始停止上涨甚至开始迅速下跌。

（5）资产价格开始迅速下跌导致恐慌阶段的出现，伴随追加保证金的需要以及投资者资产负债表的恶化，通常会造成资产价格的螺旋式下跌。在该阶段泡沫破裂、股价崩盘。

上述阶段从事件发展的角度对资产价格泡沫的演化过程进行了生动的描述。但也存在诸多疑问，如关于基本面因素对资产市场繁荣的贡献有多大，以及是什么引发了投机热潮的考虑不够确切，对资产价格崩盘的原因含糊其辞，任何事件似乎都可能引发非理性投资者在泡沫即将结束时抛售资产，并没有真正解释崩盘的原因。基于上述考虑，后续的研究从理论分析与实证分析角度，对上述不同环节资产价格泡沫的演化特征进行了论证和完善。

2.2 理性资产价格泡沫的理论基础

关于资产价格泡沫的理论界定通常基于局部均衡下的现值模型展开。资产价格泡沫的类型划分是通过对理性资产价格泡沫标准形式的扩展得以进行的，通过将资产价格泡沫的形式进行变形，使之更加符合特定的泡沫事件。

2.2.1 局部均衡下理性资产价格泡沫的理论基础

本节在只存在消费者的局部均衡框架下，通过消费优化问题，推导基本的资产定价关系。在理性预期与无套利假设下，假设经济中的投资者均为风险中性。其中，β 为常数折现率，处于 0 和 1 之间；Q_t 为资产持有量；c_t 为资产收益；$u(c_t)$ 为金融资产的效用函数；P_t 为资产价格；D_t 为外生给定的现金红利随机变量（股利、利息、租金等）。在无限期模型中，风险中性的理性投资者其资产收益效用最大化可以描述为公式（2.1）：

$$\text{Max } E_t \left\{ \sum_{j=0}^{+\infty} \beta^j u(c_{t+j}) \right\}$$
$$\text{s.t.} \quad c_t = D_t Q_t - P_t(Q_{t+1} - Q_t) \tag{2.1}$$

上述最优化问题的一阶条件如公式（2.2）所示：

$$E_t\{\beta u'(c_{t+j})[P_{t+j}+D_{t+j}]\} = E_t\{\beta u'(c_{t+j-1}) P_{t+j-1}\} \tag{2.2}$$

公式（2.2）表明，在均衡情况下，无限期投资者无法通过买卖资产并在下期出售或回购资产来增加其预期效用。

在线性效用函数的假设下，上述一阶条件可以表示为下式：

$$\beta E_t(P_{t+j}+D_{t+j}) = E_t(P_{t+j-1}) \tag{2.3}$$

在无套利假设下有 $\beta = 1/(1+r_f)$，其中，r_f 为无风险利率。因此公式（2.3）为：

$$E_t(P_{t+j-1}) = \frac{1}{1+r_f} E_t(P_{t+j}+D_{t+j}) \tag{2.4}$$

布兰查德和沃森（Blanchard and Waston，1982）通过对公式（2.4）进行迭代得到公式（2.2）的特解为：

$$P_t = \sum_{j=1}^{\infty}\left(\frac{1}{1+r_f}\right)^j E_t(D_{t+j}) + \lim_{i\to\infty}\left(\frac{1}{1+r_f}\right)^j P_{t+j} \qquad (2.5)$$

公式（2.5）的含义为资产价格等于预期股利的净现值之和再加上预期的转售价值。公式（2.5）等价于 $P_t = P_t^F + P_t^B$。其中，P_t^F 为该特解形式下资产价格的基础价值成分，其表示为未来股息的折现值，P_t^B 为理性泡沫成分。在该情况下，理性泡沫成分不是由错误定价引起的，而是资产价格的基本组成部分。只要代理人期望在未来以更高的价格出售资产，资产的价格就可能超过其基本价值。

$$P_t^F = \sum_{j=1}^{\infty}\left(\frac{1}{1+r_f}\right)^j E_t(D_{t+j}) \qquad (2.6)$$

$$E(P_{t+1}^B) = (1+r_f)P_t^B \qquad (2.7)$$

$$P_t^B = \lim_{i\to\infty}\left(\frac{1}{1+r_f}\right)^j P_{t+j} \qquad (2.8)$$

公式（2.6）至公式（2.8）为局部均衡条件下，无限期模型中关于泡沫的一般定义。

梯若尔（Tirole，1982）认为，在无限期模型中，根据横截条件，如公式（2.8）所示的泡沫成分在均衡状态下为0。假设泡沫成分不为0并为一个正值，那么具有无限期的投资者如果卖掉资产将会造成效用损失，因为股利折现值将低于资产的当期价格。

2.2.2 内生性资产价格泡沫

根据资产价格泡沫与基础价值之间是否存在影响关系，可以将其划分为内生性资产价格泡沫和外生性资产价格泡沫，其中内生性资产价格泡沫是指与基础价值成分相关的泡沫类型；而外生性资产价格泡沫不仅受基础价值影响，还受外界因素影响或者只受外界因素影响。

弗鲁特和奥布斯特费尔德（Froot and Obstfeld，1991）提出的内在泡沫为内生性泡沫的特殊例子。该模型设定资产价格泡沫的规模与基本价值相关，该设定将泡沫成分与股息相挂钩，在已知公式（2.7）的情形下，假设对数股息 d_t 服从一个带漂移的随机游走过程：

$$d_t = \mu + d_{t-1} + \varepsilon_t \qquad (2.9)$$

$\varepsilon_t \sim N(0, \sigma^2)$，结合公式（2.7）和公式（2.9）则可以得到泡沫成分的具

体形式：

$$B(D_t) = cD_t^\lambda \tag{2.10}$$

其中，λ 是方程 $\lambda^2\sigma^2/2 + \lambda\mu - \ln(1+r) = 0$ 的正值解，c 为一个满足公式 (2.7) 的任意正值。

该泡沫过程意味着资产价格泡沫的规模完全依赖于股息水平，因此资产价格水平也会对股息冲击更为敏感，根据股息的设定以及公式 (2.6) 和公式 (2.9) 可得：

$$P_t^F = \sum_{j=1}^{\infty}\left(\frac{1}{1+r_f}\right)^j E_t(D_{t+j}) = \kappa D_t \tag{2.11}$$

$$\kappa = \frac{e^{(\mu+\sigma^2/2-\ln(1+r_f))}}{(1+r_f) - e^{(\mu+\sigma^2/2)}}$$

内生性泡沫模型意味着资产价格和股息的比率是非线性的，而在无泡沫的情况下，资产价格与股息之间应该是线性关系，因此在泡沫识别中也经常通过观察股息与价格之间是否为非线性关系判断资产价格泡沫是否存在。

2.2.3 外生性资产价格泡沫

根据资产价格泡沫的运行特征，可将外生性资产价格泡沫划分为确定性资产价格泡沫和随机性资产价格泡沫（Blanchard and Waston，1982）。其中，确定性资产价格泡沫通常按照确定的趋势运行，而随机性资产价格泡沫则服从一定的随机分布运动。

2.2.3.1 确定性资产价格泡沫

确定性资产价格泡沫假设泡沫成分按照特定的比率增长，根据公式 (2.7) 具体形式可以表示为：

$$P_{t+1}^B = (1+r_f)P_t^B \tag{2.12}$$

经迭代后，资产价格形式如下：

$$P_t = \sum_{j=1}^{\infty}\left(\frac{1}{1+r_f}\right)^j E_t(D_{t+j}) + (1+r_f)^t P_0^B \tag{2.13}$$

在此形式下，如果存在一个不为零的泡沫成分，资产价格的泡沫成分将以指数级速度增加或减少，资产价格也将呈指数级上升或下降到无穷（Diba and Grossman，1988b），因此，该确定性泡沫也可以被称作确定性爆炸型资产价格泡沫。

在代理投资者均为理性人的情形下，确定性资产价格泡沫的收缩和膨胀是投资者理性预期的自我实现,而与资产价格的基本面因素不相关。确定性泡沫的正向发展捕捉到了资产价格运行过程中的特定阶段,但由于该设定下资产价格泡沫不会破灭,并且仅呈指数速度上升和下降的特点在实际情况中并不常见,因此无法刻画资产价格泡沫的整体运行特征。

2.2.3.2 随机性资产价格泡沫

随机性资产价格泡沫通常假设泡沫成分服从某种随机过程,如根据不同的运行特征一般可以将资产价格泡沫分为爆炸性周期破灭型资产价格泡沫和爆炸性周期存续型资产价格泡沫,等等。通常,随机性泡沫的一般形式为:

$$P_{t+1}^B = (1+r_f) P_t^B + z_{t+1} \tag{2.14}$$

其中,z_{t+1} 是一个随机变量并满足

$$E_t(z_{t+j}) = 0 \quad \forall j \geq 1$$

随机性泡沫是公式(2.7)所示的泡沫一般形式的随机形式。与确定性泡沫相比,随机性泡沫通常与现实的资产价格运行更为接近,因为随机性泡沫的规模会因受到外生冲击的影响而在不同的时刻发生趋势变化。如公式(2.14)所示的随机性泡沫如果存在,那么泡沫一定在交易的第一期便存在。虽然随机性泡沫的刻画较确定性泡沫更为精准,但随机性泡沫的一般形式与现实的资产价格泡沫的运行情况仍存在较大差距。

(1)爆炸性周期破灭型资产价格泡沫。在现实中,资产价格泡沫通常不会一直存续,其可能会在指数型上涨后发生破灭,因此布兰查德和沃森(Blanchard and Waston, 1982)给出了一个随机性泡沫的具体形式,即爆炸性周期破灭型资产价格泡沫,如公式(2.15)所示:

$$P_{t+1}^B = \begin{cases} \left(\dfrac{1+r_f}{\pi}\right) P_t^B + z_{t+1} & p = \pi \\ z_{t+1} & p = 1-\pi \end{cases} \tag{2.15}$$

该设定中,资产价格泡沫将以概率 π 呈现爆炸性趋势,或者以 $1-\pi$ 的概率崩溃。当其持续存在时,它的平均收益高于无风险利率,以此作为对泡沫破灭风险的补偿。该周期型泡沫有诸多扩展形式,比较典型的即为爆炸型泡沫,如(2.16)所示:

$$P_{t+1}^B = \begin{cases} \left(\dfrac{1+r_f}{\pi}\right) P_t^B & p = \pi \\ 0 & p = 1-\pi \end{cases} \tag{2.16}$$

(2)爆炸性周期存续型资产价格泡沫。上述爆炸型泡沫意味着在有限时

间内，资产价格破灭的概率极高，而泡沫一旦破灭后，按照随机泡沫的一般形式可知，新的资产价格不会产生泡沫。因此埃文斯（Evans，1991）给出了另一种周期型资产价格泡沫，该泡沫始终以正值存续，因此可称之为爆炸性周期存续型资产价格泡沫，具体形式为：

$$P_{t+1}^B = \begin{cases} (1+r_f)\ P_t^B u_{t+1} & \text{如果,}\ P_t^B \leq \alpha \\ [\delta+\pi^{-1}\ (1+r_f)\ \theta_{t+1} \times (P_t^B-(1+r_f)^{-1})\ \delta]\ u_{t+1} & \text{如果,}\ P_t^B > \alpha \end{cases} \quad (2.17)$$

其中，δ 和 α 是两个正值参数，并且满足 $0<\delta<(1+r_f)\ \alpha$。u_{t+1} 是外生的独立同分布正随机变量，并满足 $E_t u_{t+1}=1$。θ_{t+1} 是外生的独立同分布伯努利随机变量，并满足与 u_{t+1} 相互独立。且当 $p=\pi$ 时，$\theta_{t+1}=1$；$p=1-\pi$ 时，$\theta_{t+1}=0$。

在该设定下，资产价格泡沫的运行过程为，当资产价格泡沫规模小于 α 运行时，其增加的速度相对较慢；一旦其规模超过 α 时，其扩张的速度将大幅度增加，并且在每一期以 $p=1-\pi$ 的概率破灭，以 $p=\pi$ 的概率存续。但当资产价格泡沫破灭时，其规模不会像周期性爆炸型资产价格泡沫那样收缩至0，而是收缩至一个很小的正值 δ。在这种情况下，资产价格泡沫的运行机制不会受到迪巴和格罗斯曼（Diba and Grossman，1988）关于泡沫重新启动的批评，因为它永远不会破裂，只会周期性地离散变小。这个泡沫的例子利用了这样一个事实：预期的资产价格泡沫的总收益总是 $(1+r)$，但现实中会发生崩溃。

上述关于理性资产价格泡沫的讨论均为局部均衡下得到的理性资产价格泡沫的标准形式的扩展。诸多学者试图通过对理性资产价格泡沫进行变形使之更贴近现实经济。受理性资产价格泡沫影响的资产价格变化路径是爆炸性的，只有当泡沫的存在使得在没有泡沫的经济中的配置得到改善时，泡沫通常才能持续。这意味着，在这些理性模型中，某些类型的金融摩擦的存在是十分必要的，如世代交叠模型中隔代代理人无法交易导致的时间摩擦，以及一般均衡模型中由于市场不完全导致的信贷摩擦，等等。

2.3 非理性资产价格泡沫的理论基础

目前，关于非理性资产价格泡沫的理论研究，主要从引发资产价格泡沫形成的非理性因素，以及资产价格泡沫崩溃的非理性因素展开。在形成因素方面主要从投资者异质信念、投资者情绪、噪音交易等角度，对资产价格泡沫的形成机制加以论证。而在资产价格泡沫演化机制的非理性因素方面，主要从交易者的同步风险，以及噪音交易者的正反馈机制加以论证。

2.3.1 异质信念与有限套利理论

在资产价格泡沫的非理性形成机制中，关于异质信念的研究具有相对比较完整的理论框架，并且对资产价格泡沫事件具有比较普遍的解释能力。如投资者异质信念与卖空约束的相互作用被认为是2000年美国互联网泡沫产生的重要机制。鉴于此，本书对投资者异质信念泡沫进行理论介绍。在于投资者之间的异质信念产生泡沫的理论模型中，通常假设投资者的先验信念分布是不同的，这种信念差异可能是由心理偏差导致的。

异质信念的代表性研究来自沙因克曼和熊（Scheinkman and Xiong, 2003）、洪等（Hong et al., 2003）。该类研究考虑一个单一资产模型，这种资产可能为一只股票或者一个资产组合。将市场分为三期即 $time = 0, 1, 2$，其中 $time = 0, 1$ 时投资者进行交易，而 $time = 2$ 时该资产支付股利 f，该股利服从正态分布。假设存在 A 和 B 两类投资者，对未来的股利分布持有不同的预期，即我们前文中提到的投资者异质信念。如洪等（Hong et al., 2003）所设定的那样，该异质信念由投资者的过度自信所致。

在 $time = 0$ 时，投资者 A 关于 f 的信念服从均值为 f_0^A，方差为 σ_0^2 的正态分布，表示为 $f^A \sim N(f_0^A, \sigma_0^2)$。投资者 B 关于 f 的信念服从均值为 f_0^B，方差 σ_0^2 的正态分布，可以表示为 $f^B \sim N(f_0^B, \sigma_0^2)$。即 A 和 B 对 $time = 2$ 时股利分配具有不同的预期，但具有相同的信号精度，使用 $\tau_0 = 1/\sigma_0^2$ 表示信号精度。在 $time = 1$ 时两类投资者接收到一个新的公共信号，并对该公共信号有着不同的自信程度，其中，投资者 A 的自信程度为 s_f^A，投资者 B 的自信程度为 s_f^B，如公式（2.18）所示：

$$s_f^A = f + \varepsilon_f^A, \quad s_f^B = f + \varepsilon_f^B \tag{2.18}$$

其中，ε_f^A 和 ε_f^B 表示投资者 A 和 B 关于该公共信号不同的噪声成分，为均值为 0，方差为 σ_ε^2 的相互独立的正态分布 $N(0, \sigma_\varepsilon^2)$。使 $\tau_\varepsilon = 1/\sigma_\varepsilon^2$ 表示两类投资者针对该公共信号的精度。当投资者存在过度自信时，将高估自己的信号精度。如当投资者 A 高估自己的信号精度，而投资者 B 未高估自己的信号精度时，A 的信号精度将变为 $\varphi\tau_\varepsilon$，此处 φ 代表过度自信程度，是一个大于 1 的常数；当 B 高估自己的信号精度而投资者 A 未高估自己的信号精度时，B 的

信号精度将变为 $\varphi\tau_\varepsilon$。根据标准的贝叶斯信息更新法则,可以得到 time = 1 期,A 投资者信念服从均值为 f_1^A,方差为 σ_1^2 的正态分布,表示为 $N(f_1^A, \sigma_1^2)$;B 投资者的信念服从均值为 f_1^B,方差为 σ_1^2 的正态分布,表示为 $N(f_1^B, \sigma_1^2)$,此时 time = 1 时的信号精度为 τ_1,如公式 (2.19) 所示:

$$\tau_1 = 1/\sigma_1^2 = \tau_0 + (1+\varphi)\tau_\varepsilon \qquad (2.19)$$

此时投资者的异质信念主要来源于两个方面,一是投资者不同的初始信念;二是对公共信号自信程度的差异。time = 1 时两个代表性投资者的信念均值为:

$$f_1^A = f_0^A + \frac{\varphi\tau_\varepsilon}{\tau}(s_f^A - f_0^A) + \frac{\tau_\varepsilon}{\tau}(s_f^B - f_0^A)$$

$$f_1^B = f_0^B + \frac{\tau_\varepsilon}{\tau}(s_f^A - f_0^B) + \frac{\varphi\tau_\varepsilon}{\tau}(s_f^B - f_0^B)$$

当投资者在 time = 0 时的初始信念相同,若定义 $l_1 = f_1^A - f_1^B$ 为 1 期的投资者异质信念,那么 A 与 B 两类投资者异质信念 l_1 异质信念的方差 $\sigma_{l_1}^2$ 分别为:

$$l_1 = \frac{(\varphi-1)\tau_\varepsilon}{\tau_1}(\varepsilon_f^A - \varepsilon_f^B) \qquad (2.20)$$

$$\sigma_{l_1}^2 = \frac{(\varphi-1)^2\tau_\varepsilon(\varphi+1)}{\varphi\tau_1^2} \qquad (2.21)$$

根据上述分析,在存在卖空约束的情况下,若总的资产供给固定为 Q,投资者服从均值方差偏好,那么在 time = 0,1 时投资者 A 和 B 的需求函数为如下形式:

$$x_0^A = \max\left[\frac{\eta(E_0^A(p_1) - p_0)}{\Sigma^A}, 0\right], \quad x_0^B = \max\left[\frac{\eta(E_0^B(p_1) - p_0)}{\Sigma^B}, 0\right] \qquad (2.22)$$

$$x_1^A = \max[\eta\tau_1(f_1^A - p_1), 0], \quad x_1^B = \max[\eta\tau_1(f_1^B - p_1), 0] \qquad (2.23)$$

其中,E_0^A,E_0^B 分别表示投资者 A 和 B 在 time = 0 期对 time = 1 期时变量的期望值,x_0^A 为 0 期投资者 A 的资产需求,x_0^B 为 0 期投资者 B 的资产需求,x_1^A 为 1 期时投资者 A 的资产需求,x_1^B 为 1 期投资者 B 的资产需求。p_0 为 0 期的资产价格,p_1 为 1 期的资产价格,且 $x_0^A + x_0^B = Q$,$x_1^A + x_1^B = Q$。η 为风险承受能力,Σ^A 为投资者 A 在 0 期的价差方差,Σ^B 为投资者 B 在 0 期的价差方差,表示为:

$$\Sigma^A = \mathrm{Var}_0^A[p_1 - p_0], \quad \Sigma^B = \mathrm{Var}_0^B[p_1 - p_0] \qquad (2.24)$$

当投资者在 time = 0 期时初始信念相同 $E_0^A(P_1) = E_0^B(P_1)$,且 $\Sigma^A = \Sigma^B = \Sigma$,由此可以得到初始信念相同时,0 期时的资产价格为:

$$p_0 = f_0 - \frac{\Sigma}{2\eta}Q - \frac{Q}{2\eta\tau_1} + \mathrm{E}\left[\left(l_1 - \frac{Q}{2\eta}\right)I_{\left\{l_1 > \frac{Q}{\eta\tau_1}\right\}}\right] \qquad (2.25)$$

可以看到，0期资产价格由四个部分组成，其中，f_0为资产内在价值的期望值，$\Sigma Q/2\eta$为$time=0$期到$time=1$期持有资产的风险溢价，$Q/2\eta\tau_1$为$time=1$期到$time=2$期持有资产的风险溢价，最后一项则是资产的泡沫成分，也称资产的再售期权，E为期望符号。结合公式（2.19）与公式（2.21）可以得出资产的泡沫成分P^B如公式（2.26）所示：

$$P^B = E\left[\left(l_1 - \frac{Q}{2\eta}\right) I_{\left\{l_1 > \frac{Q}{\eta\tau_1}\right\}}\right] = \frac{\sigma_{l_1}}{\sqrt{2\pi}} e^{-\frac{Q^2}{2\eta^2\tau_1^2\sigma_{l_1}^2}} - \frac{Q}{\eta\tau} N\left(-\frac{Q}{\eta\tau_1\sigma_{l_1}}\right) \quad (2.26)$$

其中，N为标准正态分布的累积概率函数。结合公式（2.19）与公式（2.21）可得：

$$\frac{\partial P^B}{\partial \varphi} > 0, \quad \frac{\partial P^B}{\partial \sigma_{l_1}^2} > 0 \quad (2.27)$$

上述的理论分析结果显示，在存在卖空约束的情况下，资产价格泡沫随投资者自信程度的上升而上升，即随着投资者异质信念的上升而上升。该作用机制可以理解为，资产价格是在均衡状态下确定的，在一定程度上反映了投资者关于收益的异质信念。但是卖空限制的存在迫使悲观的投资者离开市场，只剩下乐观的投资者，从而抬高了资产价格水平。因此，当卖空约束不再限制投资者的投资活动时，市场价格会广泛反映不同情绪投资者的信念，进而使得价格回归其内在价值。

2.3.2 噪声交易理论与泡沫乘骑理论

泡沫的演化与崩溃事件一直令经济学家着迷。尽管许多学者、实践者和政策制定者都研究过与资产价格泡沫破裂有关的问题，但对其原因和影响还没有达成共识，本节主要基于噪音交易理论与泡沫乘骑理论对其加以论述。

2.3.2.1 噪声交易者的正反馈交易

非理性泡沫的早期研究来自布莱克（Black，1986）提出的"噪音"概念，他认为，噪声交易是在没有掌握内部信息的情况下，将自己获得的信息作为精确信息对待，并据此做出非理性的交易行为。因此噪声交易者对市场价格的判断可能出现系统偏差，做出过激的反应或遵从正反馈交易策略，进而形成自我强化机制。此后，许多学者利用这个概念，在理性资产价格泡沫理论中引入理性交易主体和非理性交易主体，通过引入异质交易主体扩展标准的现值模型。德隆等（De Long et al.，1990）提出了一个刻画市场泡沫和崩溃的噪音交易模型（DSSW模型），该模型利用噪音交易者在泡沫发展中可能扮演的角色的观点，作为资产价格在相当长时间内偏离基本面的可能机制。该研究的灵感来自对索罗斯（Soros）等成功投资者的观察。索罗斯在对自己投资策略的描述中强调，自己成功的关键不是对抗金融市场上出现的非理性热情浪潮，而是在这股浪潮中度过一段时间，然后再抛售出去。

德隆等发现，成功的投资者经常利用那些遵循正反馈策略或动量投资策略的天真投资者，该类投资者通常会在价格上涨时买入证券，当价格下跌时卖出证券，在布莱克的定义下，动量交易者为典型的噪音交易者。噪音交易者所导致的资产价格泡沫的作用机制在于：当理性投机者收到好消息并以此消息进行交易时，他们会意识到初始价格上涨将刺激噪声交易者的购买，因为噪声交易者遵循正反馈交易策略。理性的投机者在预期噪音交易者的购买之后，会进一步买入资产以推高资产价格使其高于基本价格，以促使更多的噪音交易产生。这一机制的关键在于，理性套利者和遵循正反馈交易的噪音者之间的交易会产生类似泡沫的价格模式。理性的投机者会破坏价格的稳定，因为他们的交易会触发其他噪音投资者的正反馈交易，导致短期内资产价格泡沫的大幅膨胀。最终，理性投机者的抛售或卖空将把价格拉回到基本面，导致资产价格泡沫的崩溃。

2.3.2.2 泡沫乘骑理论

泡沫乘骑理论的引入基于一个事实前提，研究者们通常认为，对冲基金是最老练的投资者之一，该类投资者比任何其他类别的投资者更接近"理性套利者"。但众多的泡沫事件表明，在市场出现资产价格泡沫化现象时，对冲基金经理往往不会立即通过套利机制将资产价格纠正至其内在价值，而是继续乘骑泡沫。阿布勒和布伦纳迈尔（Abreu and Brunnermeier, 2003）是泡沫乘骑理论中最具影响力的研究者之一。他们提出了理性交易者的同步失败理论，解释为什么理性的交易者会乘骑泡沫而不是套利泡沫。

理性的套利者应该知道市场最终会崩溃。他们知道，一旦足够数量的（理性的）交易者抛售，泡沫就会破灭。然而，理性套利者关于同步抛售时机的看法存在分散性，这一分散性为抛售同步性带来了极大的不确定性，因此众多的理性代理人都在拖延这种崩溃，让泡沫得以扩大。阿布勒和布伦纳迈尔（Abreu and Brunnermeier, 2003）假设，理性代理人从随机选择的某个日期T开始依次被告知资产被高估，但是没有代理人观察到T。因此从个人投资者的角度看，泡沫的起点和规模都是未知的。这就导致一种情况出现，即每个交易者都试图抢占崩溃的先机，同时尽可能长时间地驾驭泡沫。通过这样做，交易者的同步风险延缓了泡沫的破裂，使得泡沫规模变得更大。

在这个框架下，由于卖空者面临同步风险，单个交易者的卖出压力没有完全反映在价格中，因此调整时机的不确定性使得资产价格泡沫在短期和中期都会持续存在。从经验看，也有大量事实支持这个观点，如 1998—2000 年美国互联网泡沫期间，美国股市中有大批对冲基金投资于科技股。2015 年，中国股市异常波动期间，有大量的公募股权基金持有白酒股等。基金抱团持股为资产价格泡沫化提供了生动的现实解释。虽然，解释基金抱团机理的泡沫乘骑理论，在一定程度上刻画了特定的资产价格泡沫事件，但其弊端在于仅能证明当存在泡沫时理性代理人将从事投机性交易，但并不能回答该投机泡沫的存在以及何时存在等重要问题。

2.4　本章小结

关于资产价格泡沫的理论研究主要从其产生的理性因素和非理性因素展开。其中，理性资产价格泡沫的理论研究试图在理性预期与有效市场假设前提下，探讨资产价格泡沫是否存在，及其存在的条件为何。由于理性资产价格泡沫具有严格的前提假设、完美的分析框架，以及规范的资产价格泡沫形式，因此受到众多理论与实证研究者的青睐和追捧。本章重点介绍了理性资产价格泡沫的理论基础与主要类型划分，其中类型划分依据为资产价格泡沫与基本面形成是否相关。

虽然，关于理性资产价格泡沫的研究成果众多，但就泡沫实际发生的情况看，理性资产价格泡沫的研究框架很难明确地将资产价格的变动归因于泡沫成分的存在，或是由基本面引起的错误定价。此外，投资者也并非总是理性的，很多已发生的资产价格泡沫典型事实是由投资者心理因素以及群体心理导致的，如美国互联网泡沫、日本的泡沫经济等。因此关于资产价格泡沫的非理性因素得到进一步发展。在行为金融领域有两个条件被认为是资产价格偏离其基本价值所必需的。第一，市场存在一定程度的非理性。即投资者对资产的需求必须由基本面以外的因素驱动，比如，对未来的过度自信以及投机情绪等。第二，即便市场的代理投资者是理性的，但由于其套利受限，因此理性的投资者无法推动价格回到基本面价值。鉴于上述两方面因素，本章在对非理性资产价格泡沫的理论讨论中，从投资者的非理性情绪与有限套利角度介绍了投资者异质信念理论，而后对噪声投资者的正反馈交易与理性投资者泡沫乘骑理论进行介绍，以此作为非理性资产价格泡沫演化机制的代表性理论。由于非理性资产价格泡沫目前尚未形成较为统一的理论框架，在探讨资产价格泡沫的非理性成因方面，研究者通常从不同的侧面加以考虑，尽管从行为金融角度可以较好地解释某些市场中发生的现象，但其解释不具备普遍性。且由于非理性资产价格泡沫的理论基础薄弱、数据获得受限等因素，导致其缺乏实证支持。

3 资产价格泡沫的识别研究

关于资产价格泡沫的识别一直是资产价格泡沫研究中的重点内容，纵观资产价格泡沫识别方法的发展可以发现，资产价格泡沫识别研究的核心目的在于对资产价格泡沫存在的迹象进行较为精准的实时监控及进行预测。该识别的目的，一是为满足政策制定者的监管需要，二是为资产价格泡沫研究的精准泡沫规模指标提供依据。此外，在本书的主要研究脉络中，此部分的识别结论为后续资产价格泡沫与其他宏观经济变量关联机制研究奠定了计量基础。

鉴于此，本章旨在对中国主要资产市场的资产价格泡沫进行识别。关于资产价格泡沫识别计量研究的核心，在于明晰资产价格走势的分布特征，进而得到资产价格泡沫的存续证据。但通常获得资产价格的分布函数几乎是无法实现的，因此只能从资产价格走势的统计特征入手对泡沫过程进行描述。如对资产价格的爆炸性统计特征、非线性特征以及超指数特征的捕捉等。在现有的资产价格泡沫识别方法中，本章采用菲利普斯和石（Phillips and Shi, 2015a, 2015b）提出的广义右尾 ADF 单位根（general sup augmented dickey fuller, GSDAF）方法（又称"PSY 方法"），对中国股票市场和房地产市场的资产价格泡沫进行实时监控识别。该方法一经提出便受到诸多监管部门以及研究者的广泛使用。PSY 识别程序，将感兴趣的目标时点确定为子样本终点，并通过滚动子样本初始点寻找最优的起点。因此，该方法能够最大限度地减少历史事件对当前识别结果的影响，并且使回归结果对样本起点的随机选择的敏感性降低，进而提高模型的稳健性。同时该方法还提供了一种机制识别资产价格泡沫的启始和结束时间，为资产价格泡沫的监控预警提供重要的研究证据。

本章的具体安排如下：3.1 节结合 ADF 单位根检验与理性资产价格泡沫的界定，介绍 PSY 方法关于资产价格泡沫与泡沫危机的检验原理；3.2 节介绍 PSY 方法的递归算法，包括关于资产价格泡沫的识别以及泡沫周期的识别；

3.3节为资产价格泡沫识别的实证分析,本节对中国股票市场以及房地产市场的资产价格泡沫进行识别;3.4节给出本章的研究结论。

与现有关于中国资产价格泡沫的识别研究相比,本章研究借鉴现有成熟的泡沫识别方法,对股票市场和房地产市场展开全面识别,通过对不同市场资产价格泡沫的广泛识别以及横向、纵向对比,揭示中国资产价格泡沫的泡沫周期特征以及泡沫韧性特征等。

3.1 ADF方法的检验原理

采用ADF方法识别资产价格泡沫,是通过对资产价格时间序列的统计特征进行定义展开的。如在泡沫的扩张阶段,资产价格通常遵循一个温和的爆炸过程,与正常市场条件下资产价格典型的鞅行为相反。在发生危机或信贷风险迅速上升阶段,资产价格(以及债券收益率)通常会转向带有随机漂移的鞅过程,伴随着巨大的特定负面冲击或一系列的负面冲击。ADF方法通过对模型的漂移项和自回归系数进行联合检验,从而实现对泡沫阶段和危机阶段的识别。

3.1.1 ADF单位根检验

假设资产价格服从一个温和的漂移过程,如公式(3.1)所示:

$$y_t = g_T + y_{t-1} + u_t \tag{3.1}$$

其中,y_t是t时刻的资产价格序列;$g_T = kT^{-\gamma}$捕捉了资产价格温和的漂移过程;k为一个常数,$\gamma > 0.5$;T为样本容量;$u_t \sim N(0, \sigma^2)$。

标准的ADF单位根检验的回归方程如公式(3.2)所示:

$$\Delta y_t = \alpha + \beta y_{t-1} + \sum_{i=1}^{K} \gamma_i \Delta y_{t-i} + \varepsilon_t \tag{3.2}$$

其中,K是滞后阶数,ε_t是误差项,且独立同分布于正态分布$\varepsilon_t \sim N(0, \sigma^2)$。结合上述设定,原假设($H_0$)可以转化为,$\alpha = g_T$且$\beta = 0$。ADF统计量为回归系数$\beta$最小二乘估计的$t$值,当检验拒绝原假设时则说明存在泡沫。菲利普斯等(Phillips et al., 2015b)证明,当上述回归方程滞后阶的数量趋于无穷,ADF统计量的极限分布如下所示:

$$ADF \Rightarrow \frac{\frac{1}{2}[W(1)^2 - 1] - W(1)\int_0^1 W(s)\,ds}{\left[\int_0^1 W(s)^2\,ds - \left(\int_0^1 W(s)\,ds\right)^2\right]^{1/2}}$$

其中，$W(\cdot)$ 表示维纳过程。

3.1.2 理性资产价格泡沫检验原理

2.2节介绍了标准的现值模型和理性资产价格泡沫的标准形式，如公式（3.3）和公式（3.4）所示：

$$P_t = \sum_{j=1}^{\infty} \left(\frac{1}{1+r_f}\right)^j E_t(D_{t+j}) + P_t^B \qquad (3.3)$$

$$E(P_{t+1}^B) = (1+r_f) P_t^B \qquad (3.4)$$

其中，P_t 表示资产价格，r_f 为无风险利率，D_t 为股息，P_t^B 为资产价格泡沫成分。在不存在泡沫的情况下，资产价格的非平稳性程度完全由股息序列控制，因此根据经验证据可以认为，此时的资产价格最多为一阶差分平稳序列，即I(1)序列。而当公式（3.3）所示的现值模型中存在资产价格泡沫时，由公式（3.4）所示的泡沫演化方程可知，资产价格将会呈现爆炸式增长趋势。泡沫扩张阶段的资产价格动态可以根据轻度爆炸过程建模（Phillips and Magdalinos，2007），其形式如公式（3.5）所示：

$$\log P_t = \delta_T \log P_{t-1} + u_t \qquad (3.5)$$

其中，自回归系数 $\delta_T = 1 + cT^{-\eta}$ 在 $c>0$ 且 $\eta \in (0, 1)$ 时，回归系数略大于1但仍接近于1。此时关于资产价格泡沫识别的PSY检验的原假设和备择假设为：

$$H_0: \alpha = g_T \text{ 且 } \beta = 0$$

$$H_1: \alpha = 0 \text{ 且 } \beta > 0$$

该泡沫识别过程的核心为区分资产价格的运行服从鞅过程还是轻度爆炸过程。

3.1.3 资产价格崩溃检验原理

市场崩溃被定义为资产价格的不连续，其特征是资产价格大幅下跌。危机时期的资产价格动态可以建模为带有随机漂移的鞅过程（Phillips and Shi，2020）：

$$\log P_t = -L_t + \log P_{t-1} + u_t \qquad (3.6)$$

其中，L_t 为一个随机序列独立于 u_t，L_t 的存在会导致资产价格 P_t 发生随机漂移，从而导致资产价格发生各种崩溃机制。

菲利普斯和石（Phillips and Shi，2020）的研究中令 L_t 遵循非对称均匀分布的简单过程：

$$L_t = Lb_t, \qquad b_t \sim U(-\epsilon, 1), \qquad 0 < \epsilon < 1$$

其中，L 是刻画冲击强度的正值，b_t 服从一个均匀分布，ϵ 是一个接近于 0 的正值。这意味着随机漂移项为一个负值，因此资产价格存在一个向下的趋势。在该设定下检测金融危机或膨胀的信用风险，等同于区分资产价格服从一个带有微小漂移的鞅过程，还是服从一个带有随机漂移的鞅过程。通过拟合 ADF 回归方程，可以将危机检验的零假设和备择假设表述如下：

$$H_0: \alpha = g_T \text{ 且 } \beta = 0$$
$$H_1: \alpha = G \text{ 且 } \beta = 0$$

其中，G 是随机漂移项 L_t 的期望值，g_T 为近似可忽略的微小漂移。

3.2 PSY 的递归算法

上述资产价格泡沫的识别过程即为采用 ADF 回归方程识别资产价格泡沫以及危机时间的原理。通常，该方法只能识别整个样本周期内存在一个扩张性泡沫的情况。然而在实践中，一个样本在区间内往往发生几次资产价格泡沫膨胀或破灭的周期。因此，考虑到多个泡沫周期的存在性，在菲利普斯等的研究中对原有的递归程序进行了改进，并提出了广义 sup-ADF 检验（GSADF），又称 PSY 方法。为识别出多个资产价格泡沫周期，PSY 方法需要进行子样本回归。其目的是考虑样本期内任何潜在的结构突变或状态转移。PSY 的可行递归进化算法能够实时识别气泡和危机，同时允许在样本周期内出现多个结构中断。

3.2.1 资产价格泡沫存在性的识别程序

已知全部样本长度为 T，设 r 为样本长度分数变量，且有 $t = [Tr]$，即时点 t 是 $[Tr]$ 的整数部分。现假设，$t_1 = [r_1 T]$ 和 $t_2 = [r_2 T]$ 是子样本回归的起点和终点，相应的 ADF 统计量表示为 $ADF_{r_2}^{r_1}$。假设 r_2 是我们感兴趣的时点，那么将所有样本的终点固定在 r_2 上，样本的起点从第 $r_1 = 0$ 观察值到 $r_1 = r_2 - r_0$ 观察值进行变化，其中，r_0 是启动回归所需的最小窗口。对于实际中根据 $r_0 = 0.01 + 0.8/\sqrt{T}$ 的原则来设置 r_0，以降低尺寸失真的概率。相应的倒向滚动 ADF 统计量序列为 $BSADF_{r_2}(r_0)$，如公式（3.7）所示：

$$BSADF_{r_2}(r_0) = \sup_{r_1 \in [0, r_2 - r_0]} \{ADF_{r_1}^{r_2}\} \qquad (3.7)$$

设 $r_2 \in (r_0, 1)$，变换终点，在所有可行域上关于 r_1 和 r_2 广义双侧倒向滚动回归的 sup-ADF 统计量记为 $PSY(r_0)$，见公式（3.8）：

$$PSY(r_0) = \sup_{\substack{r_1 \in [0, r_2-r_0] \\ r_2 \in [r_0, 1]}} \{ADF_{r_2}^{r_1}\} = \sup_{r_2 \in [r_0, 1]} \{BSADF_{r_2}(r_0)\} \tag{3.8}$$

$PSY(r_0)$ 在提供最大 ADF 统计量的意义上，上界允许选择回归的"最佳"起点。递归计算随着兴趣观察点 r_2 的推进而发展，因此这个过程被称为递归进化算法。图 3-1 给出了该递归进化算法的图形说明。

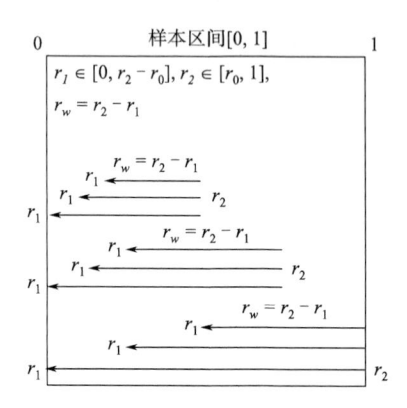

图 3-1　PSY 统计量的滚动窗口设定示意图

根据菲利普斯等（Phillips et al., 2015b）的研究设定，$PSY(r_0)$ 的渐进极限分布如公式（3.9）所示，其中 $W(\cdot)$ 表示维纳过程，$r_w = r_2 - r_1$。

$$\sup_{\substack{r_2 \in [r_0, 1] \\ r_1 \in [0, r_2-r_0]}} \left\{ \frac{\frac{1}{2} r_w [W(r_2)^2 - W(r_1)^2 - r_w] - \int_{r_1}^{r_2} W(r) dr [W(r_2) - W(r_1)]}{r_w^{1/2} \left\{ r_w \int_{r_1}^{r_2} W(r)^2 dr - \left[\int_{r_1}^{r_2} W(r) dr\right]^2 \right\}^{1/2}} \right\} \tag{3.9}$$

3.2.2　资产价格泡沫周期的识别程序

相应的泡沫周期根据 $BSADF_{r_2}(r_0)$ 统计序列得以确定，泡沫或危机的起始点被认为是 $BSADF_{r_2}(r_0)$ 统计量第一次超过其临界值的时点，同样的，终止时点被认为是 $BSADF_{r_2}(r_0)$ 统计量随后低于其临界值的时点。起止时间分别为：

$$\hat{r}_e = \inf_{r_2 \in [r_0, 1]} \{r_2 : BSADF_{r_2} > scv_{r_2}^{\beta_T}\} \tag{3.10}$$

$$\hat{r}_f = \inf_{r_2 \in [\hat{r}_e + \delta \log(T)/T, 1]} \{r_2 : BSADF_{r_2} < scv_{r_2}^{\beta_T}\} \tag{3.11}$$

其中，$scv_{r_2}^{\beta_T}$ 为 $BSADF_{r_2}(r_0)$ 统计量的 $100(1-\beta_T)\%$ 临界值，$\hat{r}_e$ 为泡沫周期的起始时点，$\hat{r}_f$ 为泡沫周期的终止时点。β_T 为测试样本的大小，满足当 $T\to\infty$ 时，$\beta_T\to 0$，此时 $scv_{r_2}^{\beta_T}\to\infty$，确保在零假设下，错误检测泡沫存在的概率在大样本中为零。本书采用随机自举的方法获得有限样本临界值，软件为R语言。

3.3 中国股票市场与房地产市场资产价格泡沫的识别检验

3.3.1 中国股票市场资产价格泡沫的识别检验

在现值模型中，资产价格的基础价值成分为股利现值之和，在菲利普斯等的多次应用中选用价格股利比的对数值作为单位根检验的代理变量。其选择目的在于衡量资产价格和股利序列的相对爆炸性。根据现值模型，当不存在泡沫时 $\log(P_t)$ 和 $\log(D_t)$ 序列是协整的，此时的协整向量为 $[1,-1]$。当 $\log(P_t)$ 为爆炸型序列即 $I(k)$，$(k>1)$ 序列，$\log(D_t)$ 为平稳或单位根序列，即为 $I(k)$，$(k\leqslant 1)$ 序列时，$\log(P_t/D_t)$ 为爆炸型序列。$\log(P_t/D_t)$ 等价于 $\log(P_t)$ 与 $\log(D_t)$ 之差，因此在使用间接检验法时可以通过检验 $\log(P_t/D_t)$ 序列的局部爆炸性，获得资产价格泡沫的存在证据。但考虑到中国很多上市公司并不分红，导致股利数据不完整的事实，本书选用对数市盈率 $\log(P_t/E_t)$ 作为代理变量，其中，选用每股收益 E_t 作为股利数据 D_t 的代理变量，用于反映上市公司的基本面情况。

在识别中国股票市场泡沫的研究中，本书选取 2001 年 5 月至 2021 年 1 月上海证券交易所平均市盈率、深圳证券交易所平均市盈率；2008 年 1 月至 2021 年 1 月深圳证券交易所中小企业板市场平均市盈率，以及 2009 年 10 月至 2021 年 1 月深圳证券交易所创业板市场平均市盈率作为股票价格的代理变量。同时，选用 90%，95%，99% 临界值序列作为 PSY 检验的临界值标准，根据公式（3.7）至公式（3.11）获得泡沫区间结果。

上述四个股票市场的 BSADF 统计序列测度结果如图 3-2 至图 3-5 以及表 3-1 所示。对于上海主板市场的检验结果如图 3-2 所示，其中，黑色实线为上海主板市场平均市盈率的具体走势，灰色阴影曲线为 PSY 方法识别过程中产生的 BSADF 统计序列。如图 3-2 所示，BSADF 统计序列在样本区间内，几乎大部分呈现负向走势，仅在2006年12月至2017年10月以及2015年2月至2015年6月呈现正向走势。结合表3-1可知，在90%临界值下，2007年4月、2007年8月至10月以及2015年3月至5月，上海主板市场处于泡沫周期。而在95%临界值下，共捕捉到两次泡沫区间，分别为2007年7月至10月以及2015年3月至6月。

图3-2 上海证券交易所平均市盈率及其BSADF统计序列

同理，图3-3给出了深交所的BSADF统计序列，相比于上海证券交易所，深交所BSADF统计序列的正值区间相对较多，在样本区间内共发生四次大于零的持续区间，如表3-1所示，在90%临界值下，深交所股票市场共发生六次泡沫周期，分别为2007年4月至5月、7月至10月、12月，2015年3月至6月，2018年8月、10月。对比沪深两市场可发现，两个交易所泡沫区间总体上存在相互重叠现象，但上交所的资产价格泡沫周期较短持续期较长，而深交所的泡沫周期则相对较长，持续期较短。

为明晰各板块市场的特征与关系，本书对中小板市场以及创业板市场做了进一步分析。如图3-4与图3-5所示，中小板市场共有三个时段的BSADF统计序列持续显著大于零，创业板有四个时段的BSADF统计序列显著大于零，90%临界值未捕捉到中小板的泡沫周期，但捕捉到创业板市场发生了两次泡沫过程，分别为2013年11月以及2015年4月至6月。

总体看，样本期间内中国股市共出现两次泡沫过程，分别为2007年4月至10月以及2015年3月至6月。其中，2007年泡沫过程的主要动因为：自

图 3-3　深圳证券交易所平均市盈率及其 BSADF 统计序列

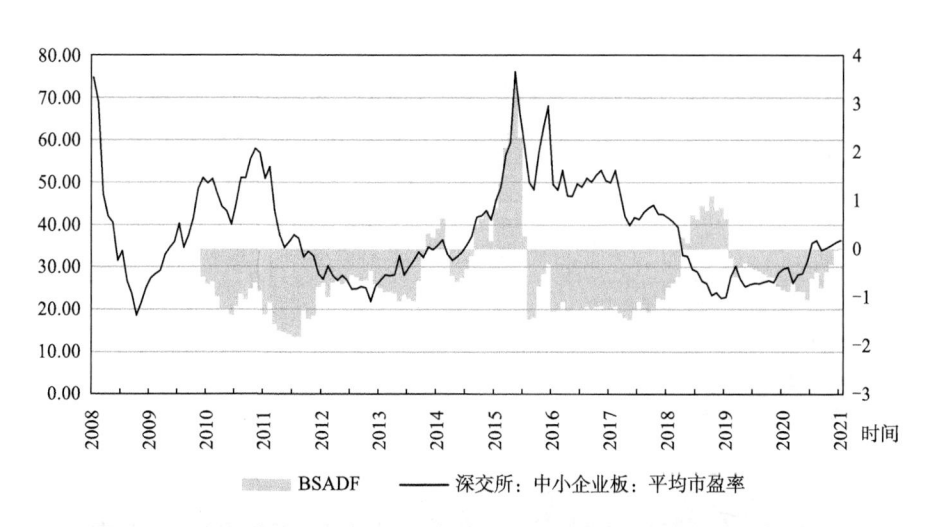

图 3-4　深圳证券交易所中小企业板市场平均市盈率及其 BSADF 统计序列

2005 年的股权分制改革后，中国股市利好信息增多，加之 2005 年之后宽松的货币政策与优越的信贷环境，导致股票价格进入了新的增长时期，其间股票的大幅上涨导致 2007 年近一年的泡沫积聚。直至美国次贷危机的爆发将泡沫刺破。该泡沫的破裂使中国股市一度跌落谷底。政策当局为避免次贷危机的国际冲击再次对中国股市进行强烈干扰，对股市进行了深度调整。此后，立即推出的 4 万亿经济刺激计划，以及一系列政策调整使得中国股市于 2008 年底显著回升。而在这一过程中，以 4 万亿经济刺激计划为代表的经济政策在提高市场信心的同时，也助长了 2009 年新一轮泡沫的积聚。但是，由于 2008

图 3-5　深圳证券交易所创业板市场平均市盈率及其 BSADF 统计序列

年经济危机尚未见底，新的股市繁荣并没有持续下去。这轮泡沫在 2009 年 10 月破裂，股市泡沫的破裂不仅使得尚未走出金融危机阴影的中国经济雪上加霜，同时扰乱了投资者对于市场的判断。

表 3-1　股票市场泡沫区间统计

	90%临界值	95%临界值	99%临界值
上交所	2007 年 4 月	2007 年 4 月	—
	2007 年 8 月至 10 月	2007 年 10 月	—
	2015 年 3 月至 5 月	2015 年 4 月	—
深交所	2007 年 4 月至 5 月	2007 年 7 月至 10 月	2007 年 7 月至 10 月
	2007 年 7 月至 10 月	2015 年 3 月至 6 月	2015 年 4 月至 5 月
	2007 年 12 月	—	—
	2015 年 3 月至 6 月	—	—
	2018 年 8 月	—	—
	2018 年 10 月	—	—
创业板	2013 年 11 月	—	—
	2015 年 4 月至 6 月	—	—

注：表中数据为作者计算所得。

2015年泡沫事件的主要动因在于：中国经济在彻底走出2008年经济危机阴霾后，在人民币强烈的升值预期等利好因素下，股市在2014年进入快速高涨时期。这一阶段的快速增长，积聚了2015年上半年股市迅速膨胀的恶性泡沫，该泡沫于2015年6月破裂，泡沫破裂后上证综指从5 200点下降至3 000点左右，此后基本维持在3 000点上下，没有出现进一步泡沫积聚的现象。

3.3.2 中国房地产市场资产价格泡沫的识别检验

对中国房地产市场资产价格泡沫识别的研究中，本书选取2014年9月至2020年5月，中国42个城市二手房的房价租金比数据作为泡沫识别的核心变量，进入PSY检验程序中，数据来源于Wind数据库。本书将42个城市根据经济发展以及城市规模等关键要素进行划分，其中北京、上海、深圳、广州为4个一线城市，宁波、青岛、大连、重庆、长沙、成都、杭州、南京、武汉、西安、苏州、沈阳、郑州、天津为14个新一线城市，厦门、长春、福州、哈尔滨、合肥、济南、兰州、南昌、石家庄、太原、海口、昆明、乌鲁木齐、南宁、贵阳、温州、无锡为17个二线城市，呼和浩特、银川、北海、三亚、西宁、扬州、常州为7个三线城市。由于房价数据统计时间相对较短，个别地区数据完整性不足，如西宁、扬州、常州、贵阳等地未更新至最新日期。因此为较多地捕捉到泡沫区间，本书选用90%临界值。而在分类的房地产价格泡沫识别中，分别报告90%，95%，99%临界值的泡沫区间识别结果。

对四个划分城市的房价租金比进行平均处理，使其进入PSY识别程序，识别结果如图3-6至图3-9。总体看，一线城市、新一线城市、二线市场以及三线城市的房价租金比呈现逐步递减趋势，其中一线城市的房价租金比最高，三线城市最低。而在BSADF统计序列大于零的区段数目上，新一线城市最多，一线城市和二线城市次之，三线城市最少。就泡沫区间而言（见表3-2），新一线城市90%临界值下存在4个泡沫区间，分别为2016年6月、2016年11月、2017年6月与2018年4月至2018年7月。二线城市90%临界值下存在三个泡沫区间，分别为2016年9月至2017年1月、2017年3月至2017年7月、2018年3月至8月。一线城市和三线城市泡沫区间均为两个，一线城市的90%临界值下泡沫区间分别为2016年9月至2017年1月、2017年5月至8月；三线城市为2017年5月至6月、2018年6月至7月。

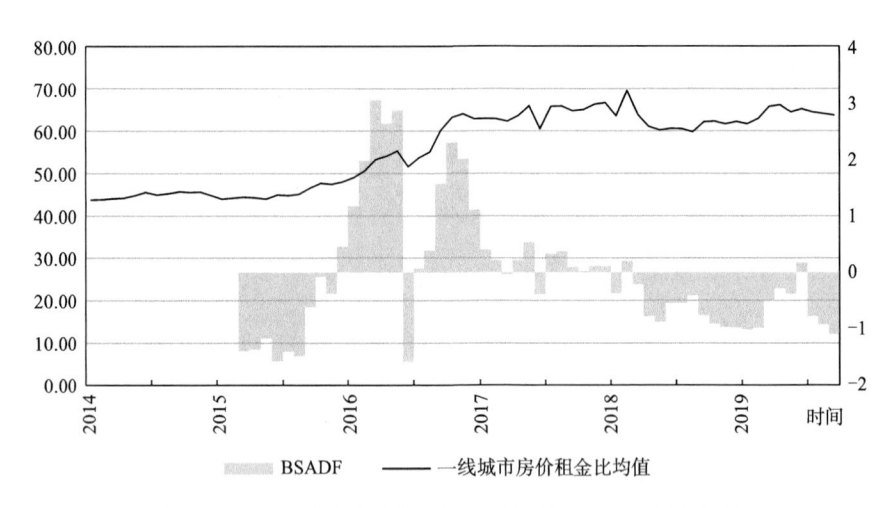

图 3-6　一线城市房价租金比均值及其 BSADF 统计序列

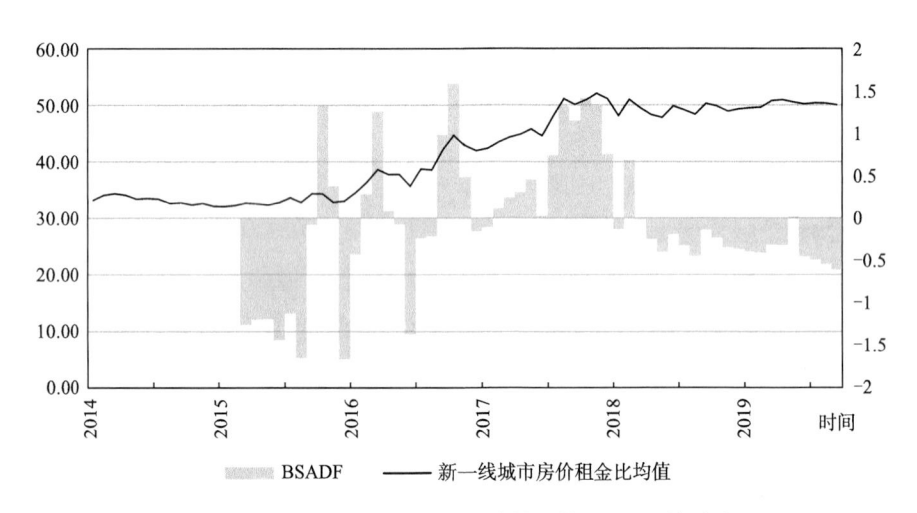

图 3-7　新一线城市房价租金比均值及其 BSADF 统计序列

横向比较可以发现，中国新一线城市和二线城市在样本区间的泡沫运行最为活跃，并表现为泡沫区间多，持续时间短的特点。一线城市房地产泡沫区间较为持续，其泡沫表现为较强韧性，不易破裂。三线城市房地产市场不易发生资产价格泡沫，即便产生泡沫，泡沫区间也相对较短，并且表现出较弱的泡沫韧性。

中国房地产市场的横向特征与经济实际相吻合。一线城市房地产价格泡沫得以长期存续，得益于成熟的产业结构、繁荣的经济发展和旺盛的房地产

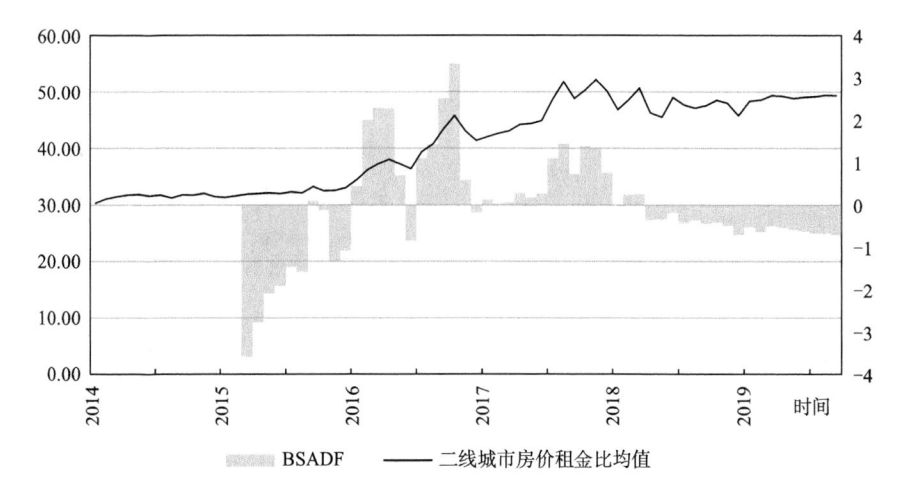

图 3-8　二线城市房价租金比均值及其 BSADF 统计序列

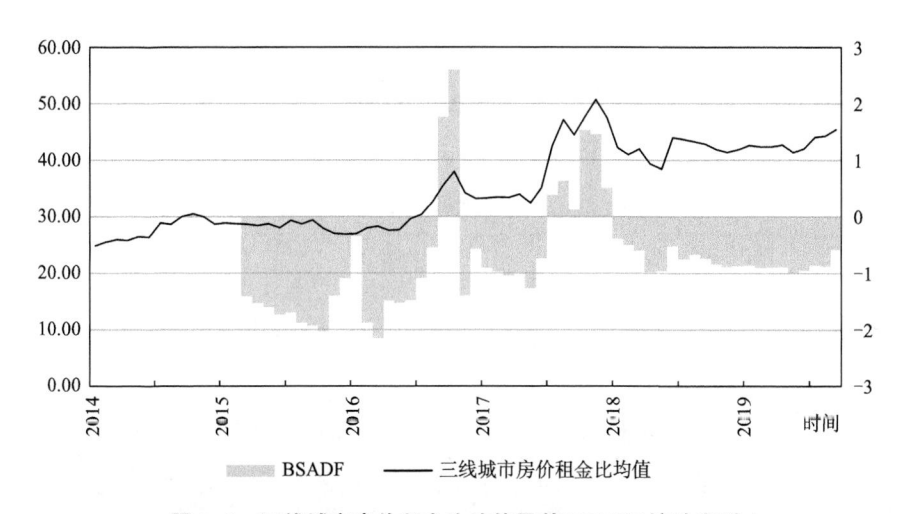

图 3-9　三线城市房价租金比均值及其 BSADF 统计序列

需求，房地产市场的财富效应在一线城市表现最为突出。近年来，伴随着中国城镇化的发展，新一线城市和二线城市受到诸多政策利好荫庇。尤其是新一线城市多处于中国当前经济发展最具活力的区域，该类城市的经济、基础设施、教育均得到飞速发展，使得居民购买力逐年上升，人口的"虹吸效应"显著加强，房地产市场的成熟度显著增强。但由于新一线城市原本的经济基础与一线城市存在一定差别，因此其经济基础并不能持续地支持房价上涨，导致新一线城市和二线城市房价泡沫的持续波动。

三线城市的房地产泡沫存在较大惰性特征，泡沫区间较少且单一泡沫区间的存续期较短。这主要源自三线城市的人口吸引能力较弱，房地产需求较为稳定甚至存在供大于求的情况，导致三线城市房地产市场普遍无法产生大规模泡沫。此外，由于三线城市房地产市场成熟性不足加之经济基础普遍较为薄弱，导致其城市房价对供求均衡以及政策影响具有较强的敏感性，因此三线城市的房地产价格泡沫即便产生也很难维持，极易出现泡沫破灭状态。

纵向看，经粗略统计在样本区间内中国房地产市场总体上产生一次泡沫区间，为2016年6月至2017年8月（见表3-2）。这一阶段房地产价格的非理性繁荣主要源自2015年央行连续施行的降息政策和降准政策。这一系列政策不仅导致股市的非理性繁荣，还使得已经上涨了近20年的房价进入非理性运行状态。2018年至今，由于政策上的严控房价，"房住不炒"、房地产贷款的"三道红线"等项政策的提出，导致中国房价总体上再次呈现"回归理性"的趋势。总体看，除个别地区外，中国房地产泡沫呈现较强韧性，不易发生泡沫破灭的情形，该特征与地方政府的土地财政以及地方政府与金融机构的深度利益捆绑息息相关。

表3-2 一线、新一线、二线以及三线城市房地产市场泡沫区间统计

城市	90%临界值	95%临界值	99%临界值
一线	2016年9月至2017年1月	2016年9月至2017年1月	2016年10月至2017年1月
	2017年5月至8月	2017年5月至8月	2017年6月至7月
新一线	2016年6月	2016年9月至2017年1月	2016年10月至2017年1月
	2016年11月	2017年5月至8月	2017年6月至7月
	2017年6月	—	—
	2018年4月至7月	—	—
二线	2016年9月至2017年1月	2016年10月至2017年1月	2016年10月至12月
	2017年3月至7月	2017年3月至6月	2017年4月至6月
	2018年3月至8月	2018年3月至8月	2018年4月至4月
	—	—	2018年6月至2018年7月

续表

城市	90%临界值	95%临界值	99%临界值
三线	2017年5月至6月	2017年5月至6月	—
	2018年6月至7月	2018年6月至7月	—

注：表中数据为作者计算所得。

表3-3 具体给出了各城市90%临界值情形下的泡沫区间。其中，除西宁、扬州、常州、三亚、温州五个城市未识别出泡沫区间外，其余城市均识别到1至6不等的泡沫区间。其中泡沫区间较多的情况主要由于临界值的选取较为宽松所致。

表3-3 分城市房地产市场泡沫区间统计

	一线城市					
北京	2016年10月至2017年1月	2017年4月至10月	2018年2月至2月	2019年1月至4月	—	—
上海	2016年12月至2017年1月	2017年10月至10月	2018年1月至1月	2019年1月至2月	2019年11月至12月	2020年3月至4月
深圳	2016年2月至2月	2017年6月至10月	2018年4月至8月	2018年10月至10月	2020年2月至4月	—
广州	2016年6月至7月	2016年9月至2018年1月	2018年3月至5月	2018年8月至11月	2019年2月至2月	2020年1月年至3月
	新一线城市					
宁波	2017年6月至6月	2017年8月至9月	2019年11月至11月	2020年2月至2月	—	—
青岛	2017年4月至4月	2017年7月至8月	2018年3月至8月	—	—	—
大连	2018年3月至8月	2019年10月至11月	—	—	—	—
重庆	2017年5月至11月	2018年1月至1月	2018年3月至12月	2019年2月至3月	2019年9月至10月	—

55

续表

长沙	2016年9月至9月	2017年3月至10月	2018年3月至7月	2018年11月至11月	—	—
成都	2017年1月至3月	2017年5月至2018年7月	—	—	—	—
杭州	2016年11月至11月	2017年10月至2019年1月	2020年1月至1月	—	—	—
南京	2016年5月至7月	2017年3月至8月	2019年6月至6月	2020年2月至2月	—	—
武汉	2016年1月至2017年6月	2017年9月至9月	2018年1月至1月	2018年3月至8月	2019年10月至11月	—
西安	2016年11月至11月	2017年6月至12月	2018年3月至10月	—	—	—
苏州	2019年2月至2月	—	—	—	—	—
沈阳	2017年3月至3月	2017年9月至2018年12月	2019年8月至11月	—	—	—
郑州	2016年6月至6月	2016年8月至2017年10月	2018年6月至6月	—	—	—
天津	2016年10月至2017年7月	2017年9月至10月	—	—	—	—
二线城市						
厦门	2017年3月至3月	2017年5月至9月	2018年3月至3月	—	—	—
长春	2016年4月至5月	2017年7月至10月	2018年2月至11月	2019年10月至12月	—	—
福州	2016年1月至2月	2016年5月至5月	2016年8月至2017年1月	2017年3月至10月	2018年4月至6月	—
哈尔滨	2016年1月至1月	2016年6月至6月	2016年10月至2017年6月	2018年5月至5月	2018年10月至10月	2019年11月至11月

续表

合肥	2016年1月至3月	2016年5月至6月	2019年3月至3月	—	—	—
济南	2017年3月至3月	—	—	—	—	—
兰州	2017年3月至3月	2017年5月至11月	2018年3月至9月	2019年1月至2月	—	—
南昌	2016年5月至5月	2017年10月至10月	2018年3月至8月	2020年5月至5月	—	—
石家庄	2016年10月至11月	—	—	—	—	—
太原	2018年4月至12月	2019年8月至8月	2019年10月至2月	—	—	—
海口	2018年3月至4月	2018年6月至7月	—	—	—	—
昆明	2016年7月至10月	2017年10月至10月	2018年3月至8月	2018年10月至10月	—	—
乌鲁木齐	2018年4月至4月	2018年7月至7月	—	—	—	—
南宁	2017年3月至3月	2017年5月至2018年7月	2018年11月至11月	2019年2月至4月	2019年6月至6月	2019年11月至12月
贵阳	2017年8月至8月	—	—	—	—	—
无锡	2016年5月至5月	2016年12月至2017年1月	2017年3月至2018年12月	2019年12月至2020年1月	—	—

三线城市

呼和浩特	2016年1月至3月	2017年5月至6月	2017年9月至9月	—	—	—
银川	2017年6月至6月	2017年8月至11月	2018年7月至7月	2018年9月至11月	2019年11月至11月	2020年2月至5月

57

续表

北海	2016年1月 至1月	2018年3月 至7月	2020年4月 至4月	—		

注：表中数据为作者计算所得。

3.4 本章小结

关于中国资产市场是否存在泡沫以及泡沫的运行区间情况一直是政策制定者和研究人员十分关注的话题。为识别中国资产市场的价格泡沫，本章采用PSY识别方法对中国比较有代表性的资产市场：股票市场与房地产市场进行泡沫识别。上述结果表明，中国股票市场与房地产市场在PSY识别程序下均出现一定的泡沫扩张与收缩情况。

首先，关于股票市场的识别结果显示，横向看，中国上交所、深交所以及创业板市场均识别到完整的泡沫区间，而中小板市场未识别出泡沫区间。泡沫韧性情况，上交所市场的股票资产泡沫韧性强于深交所，其泡沫持续期长，完整的泡沫区间较少。这得益于上交所上市公司的市场规模普遍高于深交所，加之深交所中小板块和创业板块的存在加剧了泡沫的活跃程度。纵向看，在样本区间内中国股市总体发生了两次大规模的泡沫过程，分别为2007年4月至10月与全球金融危机以及中国股权分置改革冲击相关联的泡沫事件，以及2015年3月至6月与中国大规模宽松的货币政策相关联的泡沫事件。

其次，关于中国房地产市场的泡沫识别结果显示，在样本区间内中国房地产市场总体上粗略统计共产生一次泡沫区间，为2016年6月至2017年8月。横向对比表明中国一线城市、新一线城市、二线城市与三线城市的房地产价格泡沫运行特征具有显著差别。其中，一线城市的房地产价格泡沫最具韧性，由于其强大的经济基础与人口"虹吸效应"，导致房地产价格泡沫持续期较长且不易破灭；而新一线城市的房地产价格泡沫韧性仅次于一线城市，但泡沫周期显著多于一线城市，源自快速的经济发展以及不断上升的人口虹吸效应所致的房地产旺盛需求与经济基础之间不匹配，使得新一线城市的房地产泡沫呈现较大不确定性；二线城市的房地产泡沫韧性处于新一线与三线城市之间；三线城市由于其不成熟的房地产市场和房地产需求不足，导致其房地产价格泡沫存续期较短,并且不易出现泡沫积聚情况。

综上可知,当前中国股票市场和房地产市场均经历过典型的资产价格泡沫繁荣与萧条周期。虽然,中国资产市场总体尚未发生大规模的资产价格泡沫崩溃,但资产价格泡沫萧条的潜在威胁日渐显著,因此关于资产价格泡沫的运行机制与政策治理研究是十分必要的。

4 中国宏观金融杠杆对
房地产价格泡沫的非对称动态影响效应

有学者指出，当"信贷繁荣"不复存在时，持续去杠杆将使得资产价格泡沫难以持续，流动性的紧张将使经济活动减少，并且增加信贷市场中的宏观经济风险（Mishkin，2009）。就金融杠杆对实体经济以及金融市场上的影响看，适度的杠杆有利于实体经济以及金融市场的健康发展，但过度、持续的高杠杆会诱发严重的资产泡沫化、金融风险以及市场危机，并且会通过"挤出效应"等方式影响实体经济发展（Martin and Ventura，2012）。实际发生的金融危机已经表明，伴随信贷支持的资产价格泡沫破裂，其危害性通常是巨大的。例如，以融资融券、场外配资为代表的杠杆资金入市导致的中国2015年股票市场异常波动，以及信贷杠杆驱动的房地产价格泡沫，都对中国金融市场以及实体经济构成严重威胁。

通常看，"杠杆化"过程和"去杠杆化"过程分别对应债务规模的扩大和缩小。在经济处于上行周期且流动性充足时，单个部门的"去杠杆化"行为通常不会对资产价格以及实体经济产生强烈影响。但在经济处于下行周期，金融体系的去杠杆行为则会诱发资产价格暴跌以及金融不稳定。这是因为当过高的金融杠杆超出自身的债务承受能力时，绷紧的债务关系会在某一薄弱环节崩裂，引致各种形式的金融风险的爆发（李杨等，2015）。而在金融风险发生后，若整个金融、经济体继续进入"去杠杆化"进程，则有可能导致持续的信贷紧缩以及流动性枯竭，并对实体经济与金融体系形成一个具有放大效应的负反馈环，进而将实体经济拉入长期深度的衰退过程（马勇等，2016）。当前，在国内经济进入新常态且与复杂的国际经济环境相互交织之际，各微观主体的债务结构正在对中国的实体经济效率、金融系统性风险产生重要影响，因此关于宏观经济各部门杠杆的调整方向、调整强度，以及调整方式等问题的研究具有深远的理论意义与现实意义。

本章旨在对资产价格泡沫的形成机理的分析中，揭示金融杠杆与资产价格泡沫之间的关联机制。具体安排如下：4.1 节在理论上论证了资产价格泡沫与金融杠杆之间的定价关系；4.2 节给出了本章实证分析中使用的非线性自回归分布滞后（nonlinear auto regressive distributed lag，NARDL）模型；4.3 节实证分析了分部门宏观杠杆率对中国房地产价格泡沫的长期、短期非对称影响；4.4 节为本章小结。

与现有研究相比，虽然目前关于信贷和资产价格泡沫的研究众多，但大多基于整体信贷水平进行研究。由于金融杠杆涉及多个微观部门、种类较多，且不同微观主体的杠杆水平通常具有较大差异。不同的"转移杠杆"以及"去杠杆"措施会对资产价格泡沫产生不同程度甚至不同方向的影响，因此关于资产价格与金融杠杆是否存在显著的相关关系，以及存在何种相关关系（线性、非线性）仍处于讨论之中，尚未达成共识，需进一步进行理论与实证方面的分析。

4.1 金融杠杆不确定性下的资产定价理论模型

在理论分析方面，本节扩展了艾伦和盖尔（Allen and Gale，2000）的风险转移模型，在我们的扩展模型中唯一的不确定性来源为金融杠杆的随机影响，而不再对资产收益以及可借资金进行随机性设定，以此分析金融杠杆变动、资产定价以及债务违约之间的相互作用。

4.1.1 模型的基本假设

（1）假设共有两种资产，分别为无风险资产（国债或现金）和风险资产（股票或房地产），每个资产的存续期均为三期，$t=0$，1，2 时期，其中无风险资产价格为 P_{St}，风险资产价格为 P_{Rt}。

（2）存在两类代表性资产投资者。其中，Ⅰ类投资者在 0 期买入两类资产，在 1 期卖出；Ⅱ类投资者在 1 期买入两类资产，在 2 期卖出。$t=0$，1 时期，无风险资产收益率 r_t，代表性投资者持有 x_{St} 单位无风险资产与 x_{Rt} 单位风险资产。每期因风险资产交易而产生的交易成本为 $c(x_{Rt})$，成本函数满足了通常的新古典主义性质，即对于所有的 $x>0$ 有 $c'(x)>0$，$c''(x)>0$，$c(0)=c'(0)=0$。

（3）投资者是风险中性的，$t=0$，1 时期，投资者拥有自有资金 A_t，也可以通过金融机构借款 B_t 进行两种资产的投资，因此投资者的金融杠杆 $l_t=B_t/$

A_t。在 $t=1$ 期引入杠杆不确定性,将 l_1 定义为 $[0, l_{max1}]$ 上的随机变量,其密度函数为连续正密度函数 $h(l_1)$。因此风险资产的价格可以表达为 $P_{R1}(l_1)$。

(4) 银行对如何投资于无风险资产和风险资产了解较少,它们不能区分有价值的和无价值的资产,因此只能通过贷款以获得贷款利息收入。此外,银行不能根据贷款的规模或资产回报率设定贷款的条件,均衡条件下贷款利率等于无风险资产收益率。

(5) 生产函数为 $f(x_t)$,对任意的 x_t 满足 $f'(x_t)>0$, $f''(x_t)<0$, $f'(0)=\infty$, $f'(\infty)=0$。代表性投资者面临的优化问题为选择多少借款即多大杠杆水平,以及如何在自有资产以及借款资金之间进行配置,从而使其 $t=1,2$ 期的预期收益最大化。

4.1.2 理论分析

参考艾伦和盖尔(Allen and Gale,2000)的设定,把代表性投资者不使用杠杆资金,仅使用自有资金时的风险资产价格定义为资产的基础价值。在该情况下投资者仅使用自有资金,不存在债务违约且无需偿还银行贷款利息。

因此,在仅使用自有资金时,在 $t=2$ 期 II 类投资者的决策问题如下:

$$\max_{x_{R1} \geq 0} \int_0^{l_{max1}} \{P_{S2}x_{S1} - P_{S1}x_{S1} + P_{R2}(l_1)x_{R1} - P_{R1}x_{R1}\} h(l) dl_1 - A_1 - c(x_{R1}) \quad (4.1)$$

假设风险资产的市场出清条件为 $x_{R1}=1$,风险资产在 $t=1$ 期的价格为 1,即 $P_{S1}=1$。无风险资产的市场出清条件为,该无风险收益率等于该无风险资产的边际产量,因此有:

$$r_1 - 1 = f'(x_{S1}) \quad (4.2)$$

投资者在 $t=1$ 期的资产总额为:

$$P_{S1}x_{S1} + P_{R1}x_{R1} = A_1 + B_1 = (1+l_1)A_1 \quad (4.3)$$

根据公式(4.2)、公式(4.3)风险资产的市场出清条件以及 $P_{S2}=r_1$, $P_{S1}=r_1$,得到风险资产在 $t=1$ 期的基础价格 P_{1R}^*,如公式(4.4)所示:

$$P_{1R}^* = \frac{1}{r_1}\{E(P_{R2}) - c'(1)\} \quad (4.4)$$

由公式(4.3)我们知道,$r_1 - 1 = f'((1+l_1)A_1 - P_{R1})$,由于 r_1 为已知常数,因此可以得到 l_1 与 P_{R1} 是同方向变动的,因此 P_{R1} 也可看作 l_1 的函数,即有 $P_{R1}(l_1)$。

在 $t=1$ 期,在使用贷款资金的情况下,I 类投资者的决策问题如公式

(4.5) 所示：

$$\max_{x_{R0} \geq 0} \int_{l_1^*}^{l_{\max 1}} \{r_0 x_{S0} + P_{R1}(l_1)x_{R0} - A_0 l_0 r_0\} h(l_1) \mathrm{d}l_1 - A_0 - c(x_{R0}) \tag{4.5}$$

l_1^* 为投资者违约时的杠杆临界点，满足：

$$P_{R1}(l_1^*) = r_0 P_{R0} \tag{4.6}$$

$P_{R1}(l_1^*)$ 为投资者违约时风险资产价格的临界值。由于约定贷款利率等于无风险收益率，因此当风险资产价格低于 $P_{R1}(l_1^*)$ 时，此时有 $l_1^* > l_1$，投资者持有的风险资产无法获利。假设市场出清条件为：

$$x_{R0} = 1 \tag{4.7}$$

无风险资产的市场出清条件为无风险收益率等于该资产的边际产量，即：

$$r_0 - 1 = f'(x_{S0}) \tag{4.8}$$

且根据无风险资产的价格以及收益率可得 $r_0 P_{S0} = P_{S1} = 1$。投资者在 $t=1$ 期的资产总额为：

$$P_{S0} x_{S0} + P_{R0} x_{R0} = A_0 + B_0 = (1+l_0) A_0 \tag{4.9}$$

根据公式（4.7）至公式（4.9）以及模型的一阶条件可得 $t=1$ 期时风险资产价格的均衡解为：

$$P_{R0} = \frac{1}{r_0^2} \left[\frac{\int_{l^*}^{l_{\max}} P_{R1}(l) h(l) \mathrm{d}l - c'(1)}{\Pr(l \geq l^*)} \right] \tag{4.10}$$

同理可得在 $t=1$ 期时，在不存在投资者借贷情况下，投资者的决策问题为：

$$\max_{x_{R0} \geq 0} \int_0^{l_{\max 1}} \{r_0 x_{S0} + P_{R1}(l_1)x_{R0} - A_0 l_0 r_0\} h(l_1) \mathrm{d}l_1 - A_0 - c(x_{R0}) \tag{4.11}$$

并满足公式（4.7）至公式（4.9），因此可得在 0 期风险资产的基础价格为：

$$P_{R0}^* = \frac{1}{r_0^2} \{E(P_{R1}) - c'(1)\} \tag{4.12}$$

由上述分析我们可以看到，在引入金融杠杆不确定性后，使用杠杆资金以及不使用杠杆资金情况的 $t=0$ 期时风险资产定价具有显著差别，设定两种情况下的定价偏差为 $P_{Bubble0}$，那么有：

$$P_{Bubble0} = P_{R0} - P_{R0}^* \tag{4.13}$$

根据公式（4.10）、公式（4.12）以及公式（4.6）可得公式（4.14）的等式形式。

$$r_0^2 P_{R0} = \frac{r_0^2 P_{R0}^* - \int_0^{l_1^*} P_{R1}(l_1) h(l_1) dl}{\Pr(l_1 \geq l_1^*)}$$

$$\geq \frac{r_0^2 P_{R0}^* - P_{R1}(l_1^*) \Pr(l_1 < l_1^*)}{\Pr(l_1 \geq l_1^*)} \quad (4.14)$$

$$= \frac{r_0^2 P_{R0}^* - r_0 P_{R0} \Pr(l_1 < l_1^*)}{\Pr(l_1 \geq l_1^*)}$$

由公式（4.14）可得：

$$\frac{P_{R0}}{P_{R0}^*} \geq \frac{r_0}{r_0 \left(1-\Pr(l_1<l_1^*)\right) + \Pr(l_1<l_1^*)}$$

$$\geq \frac{1}{1-\Pr(l_1<l_1^*)}$$

$$\geq 1$$

由此可得，当 $\Pr(l_1<l_1^*) > 0$ 时，即存在违约概率大于零的情形下，则有 $P_{Bubble0} > 0$ 严格成立。此处的投资者违约可以理解为，当 1 期积极的信贷扩张无法继续保持，导致 1 期风险资产价格的下降，风险资产价格的降低导致投资者无法支付 0 期借款，进而导致违约。该违约导致 0 期风险资产价格被高估进而产生资产价格泡沫。若后续 2 期的信贷扩张继续收缩，无法支持资产价格泡沫的存续，则会导致资产价格泡沫的破灭，进而出现金融危机。

4.2 非线性自回归分布滞后计量模型

本部分着重考察各部门杠杆动态调整对资产价格泡沫的非对称效应。基于此，本书采用茜恩等（Shin et al., 2014）提出的非线性自回归分布滞后模型进行实证分析，非线性自回归分布滞后模型在非线性误差修正模型的基础上，以分布滞后自回归模型形式进行建模，该模型通过对解释变量进行正负分解，进而考察解释变量对被解释变量的长期、短期非对称影响。模型的具体形式如下：

$$\Delta y_t = \rho y_{t-1} + \theta^+ x_{t-1}^+ + \theta^- x_{t-1}^- + \sum_{i=1}^{p-1} \varphi_i \Delta y_{t-1} + \sum_{i=1}^{p} (\pi_i^+ \Delta x_{t-i}^+ + \pi_i^- \Delta x_{t-i}^-) + e_t$$

(4.15)

其中，y_t 为被解释变量，x_t 为解释变量，x_t^+ 是 x_t 的长期正向累计增量，x_t^- 是 x_t 的长期负向累计增量，具体形式如公式（4.16）所示：

$$x_t^+ = \sum_{j=1}^{t} \Delta x_j^+ = \sum_{j=1}^{t} \max(\Delta x_j, 0), \quad x_t^- = \sum_{j=1}^{t} \Delta x_j^- = \sum_{j=1}^{t} \min(\Delta x_j, 0) \quad (4.16)$$

其中，Δx_t^+ 为短期正向增量，Δx_t^- 为短期负向增量，且 $x_t = x_t^+ + x_t^- + x_0$。当对 x_t^+ 或 x_t^- 各自施加单位冲击时，y_t 的累积脉冲响应乘子分别为：

$$m_h^+ = \sum_{j=0}^{h} \frac{\partial y_{t+j}}{\partial x_t^+}, \quad m_h^- = \sum_{j=0}^{h} \frac{\partial y_{t+j}}{\partial x_t^-}, \quad h = 0, 1, 2\ldots \quad (4.17)$$

茜恩等（Shin et al., 2014）证明，当 $h \to \infty$ 时，$m_h^+ \to -\hat{\theta}^+/\rho = \beta^+$，$m_h^- \to -\hat{\theta}^-/\rho = \beta^-$，$\beta^+$ 与 β^- 分别表示变量 y_t 与 x_t 的长期协整关系。

通过对长期累积增量与短期增量施加不同的约束，我们可以进行四种模型选择：

（1）长期非对称和短期非对称形式（AA），即不施加约束形式；

（2）长期对称与短期非对称形式（SA），即施加长期约束 $\beta^+ = \beta^- = \beta$；

（3）长期非对称与短期对称形式（AS），即施加短期约束 $\pi_i^+ = \pi_i^- = \pi_i$，$i = 1, 2, \cdots$；

（4）长期和短期对称形式（SS），即同时施加长期约束 $\beta^+ = \beta^- = \beta$ 与短期约束 $\pi_i^+ = \pi_i^- = \pi_i$，$i = 1, 2, \cdots$。

结合模型估计结果与检验结果，我们对上述四类模型进行选择，进而选取较为符合经济意义同时具有较好统计意义的实证模型。

4.3 资产价格泡沫的金融杠杆非对称动态效应检验

4.3.1 数据说明与指标测度

本部分的被解释变量选取由 PSY 方法测得的房地产市场资产价格泡沫规模代理变量 BSADF 指标进行实证检验。BSADF 指标在泡沫区间通常大于 0 而在无泡沫区间小于 0。将多市场的 BSADF 指标进行对比时，其可比性通常较差，是因为不同的样本区间设定、窗口设定以及临界值设定所致。但在针对单一市场时，这一指标可以作为泡沫规模的代理变量。本章的核心解释变量选取分部门的宏观杠杆率指标。在杠杆率的选择方面，金融杠杆主要指宏观经济整体杠杆水平以及分部门宏观金融杠杆。分部门的宏观金融杠杆主要从家庭、企业、金融机构以及政府部门角度出发，度量各微观主体的负债程度；

宏观经济整体杠杆则度量整个经济体的负债水平（马勇和陈雨露，2017）。因此，参考国际清算银行（BIS）的统计口径以及李扬等（2015）的部门分类方法，选用社科院公布的国家资产负债表中的实体经济部门杠杆率、居民部门杠杆率、非金融企业部门杠杆率、政府部门杠杆率、中央政府杠杆率、地方政府杠杆率、金融部门杠杆率（资产方）、金融部门杠杆率（负债方），作为宏观杠杆率的代理变量，样本时间跨度为2009年12月至2020年3月，数据来源于Wind数据库。

4.3.1.1 房地产价格泡沫变量

本节以BSADF统计序列作为中国房地产市场资产价格泡沫规模的代理指标（见图4-1和图4-2）。该指标规模越大表明房价泡沫规模越大，且发生破灭的概率越高。从整体性看，中国四次房价泡沫的持续长度呈现整体递增的趋势，且泡沫规模呈现不断增长的趋势。这说明中国房价泡沫具有随时间变化而实现自我累积的正反馈特征（刘海云和吕龙，2018）。

图 4-1 泡沫区间和房价租金比指数

4.3.1.2 金融杠杆变量构造

实体经济部门主要包括居民部门、非金融部门和政府部门。其中，居民部门杠杆率=居民部门债务/名义GDP；非金融部门杠杆率=非金融部门债务/名义GDP；政府部门杠杆率=政府部门债务/名义GDP。

政府部门债务又可以分为中央政府债务和地方政府债务。其中，中央政府杠杆率=中央政府债务余额/名义GDP；地方政府杠杆率=地方政府债务和

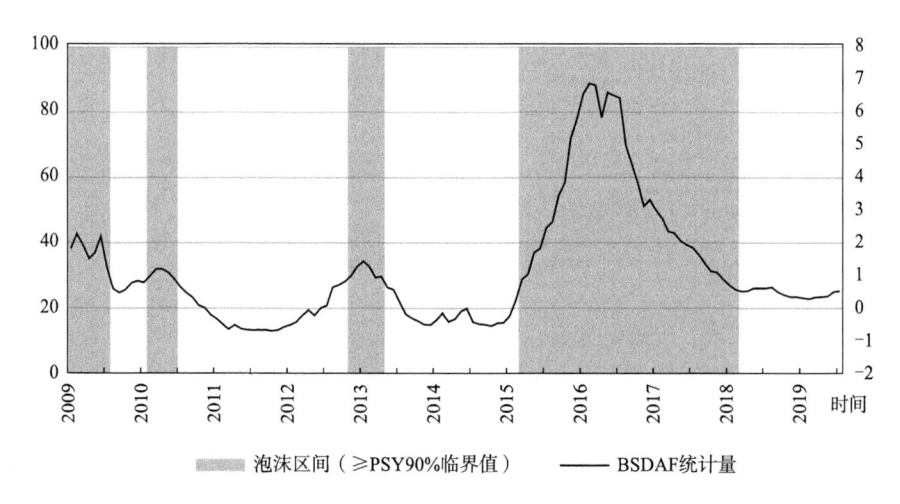

图 4-2　中国房地产价格泡沫 BSADF 统计序列

地方政府的其他债务/名义 GDP[①]。

金融部门通常从资产方和负债方两方面进行统计。其中，金融部门杠杆率（资产方）= 金融部门债务从资产方统计余额/名义 GDP[②]；金融部门杠杆率（负债方）= 金融部门债务从负债方统计余额/名义 GDP[③]。

由于宏观杠杆率数据为季度数据，因此本节对图 4-2 所示的 BSDAF 代理的中国房地产市场资产价格泡沫指标进行频率调整，取季末所在月份值作为季度值，各变量的统计检验如表 4-1 所示。

表 4-1　主要变量统计性描述

变量	符号	均值	方差	10%分位数	90%分位数
房地产市场资产价格泡沫	bu_t	1.112	1.815	-0.510	3.038
实体经济部门杠杆率	$l\text{-}re_t$	214.836	26.614	178.260	244.220

---

① 地方政府债务核算中，2018 年之前包含部分融资平台债务，与非金融企业债务重合的部分已从非金融企业部门去掉。

② 金融部门债务从资产方统计为：其他存款性公司对其他存款性公司债权和对其他金融机构债权。

③ 金融部门债务从负债方统计为：其他存款性公司对其他存款性公司负债、对其他金融性公司负债和债券发行。其中，其他存款性公司包含政策性银行和商业银行；其他金融性公司包含保险公司和养老基金、信托投资公司、金融租赁公司、资产管理公司、汽车金融服务公司、金融担保公司、证券公司、投资基金、证券交易所和其他金融辅助机构（李扬等，2015）。

续表

变量	符号	均值	方差	10%分位数	90%分位数
居民部门杠杆率	$l\text{-}rs_t$	38.664	10.004	27.350	53.000
非金融企业部门杠杆率	$l\text{-}nf_t$	141.057	15.486	118.320	157.550
政府部门杠杆率	$l\text{-}gd_t$	35.114	2.251	32.110	37.970
中央政府杠杆率	$l\text{-}cg_t$	15.571	0.902	14.500	16.780
地方政府杠杆率	$l\text{-}lg_t$	19.543	2.239	16.300	21.970
金融部门杠杆率（资产方）	$l\text{-}fc(as)_t$	57.990	12.190	38.710	74.800
金融部门杠杆率（负债方）	$l\text{-}fc(ds)_t$	53.695	9.183	39.630	64.810

注：表中数据为作者计算所得。

4.3.2 模型估计结果分析

结合理论模型以及实证模型设定，本节分别选用各部门宏观杠杆率作为式（4.15）中的解释变量，选用中国房地产市场资产价格泡沫代理变量 BSADF 作为被解释变量。通过对各变量进行单位根检验，得到各变量均为平稳或一阶差分平稳序列，符合 NARDL 模型的运行要求，此处不再赘述单位根检验结果。

表 4-2 为采取逐步回归法得到的实体经济部门、居民部门以及非金融企业部门对房地产价格泡沫的回归结果。由 F_{PSS} 边限检验结果可以看出，模型 1~3 均拒绝原假设，表明房地产价格泡沫与实体经济部门、居民部门以及非金融企业部门杠杆率均存在长期协整关系。而瓦尔德统计量 W_{LR} 仅在模型 2 中不显著，从参数显著性角度考虑，本节将三种模型均设定为长期非对称和短期非对称形式（AA）的 NARDL 模型进行实证分析。

表 4-2 中国房地产市场资产价格泡沫与实体经济部门、
居民部门和非金融企业部门杠杆率模型估计结果

实体经济部门（模型1）			居民部门（模型2）			非金融企业部门（模型3）		
变量	估计系数	标准误	变量	估计系数	标准误	变量	估计系数	标准误
C	0.092	0.134	C	−0.244	0.161	C	0.257***	0.096

续表

实体经济部门（模型1）			居民部门（模型2）			非金融企业部门（模型3）		
变量	估计系数	标准误	变量	估计系数	标准误	变量	估计系数	标准误
bu_{t-1}	-0.132***	0.030	bu_{t-1}	-0.096***	0.031	bu_{t-1}	-0.134***	0.029
$l\text{-}re^{+}_{t-1}$	0.008***	0.003	$l\text{-}rs^{+}_{t-1}$	-0.01**	0.005	$l\text{-}nf^{+}_{t-1}$	0.012***	0.004
$l\text{-}re^{-}_{t-1}$	0.077**	0.035	$l\text{-}rs^{-}_{t-1}$	0.084*	0.045	$l\text{-}nf^{-}_{t-1}$	0.034**	0.016
$l\text{-}re^{+}$	0.060	—	$l\text{-}rs^{+}$	-0.106	—	$l\text{-}nf^{+}$	0.087	—
$l\text{-}re^{-}$	0.585	—	$l\text{-}rs^{-}$	0.876	—	$l\text{-}nf^{-}$	0.253	—
Δbu_{t-3}	0.622***	0.093	Δbu_{t-3}	0.461***	0.084	Δbu_{t-3}	0.746***	0.088
Δbu_{t-4}	-0.465***	0.105	Δbu_{t-4}	-0.467***	0.092	Δbu_{t-4}	-0.441***	0.098
Δbu_{t-6}	0.419***	0.100	Δbu_{t-6}	0.44***	0.088	Δbu_{t-6}	0.512***	0.097
Δbu_{t-7}	-0.33***	0.089	Δbu_{t-7}	-0.405***	0.080	Δbu_{t-7}	-0.383***	0.086
Δbu_{t-12}	0.118**	0.056	$\Delta l\text{-}rs^{+}_{t}$	0.292***	0.102	Δbu_{t-12}	0.167***	0.054
$\Delta l\text{-}re^{+}_{t-6}$	0.072**	0.031	$\Delta l\text{-}rs^{+}_{t-3}$	0.716***	0.139	$\Delta l\text{-}nf^{+}_{t-3}$	-0.069***	0.023
$\Delta l\text{-}re^{+}_{t-7}$	-0.080**	0.035	$\Delta l\text{-}rs^{+}_{t-4}$	-0.456***	0.152	$\Delta l\text{-}nf^{+}_{t-10}$	-0.054**	0.023
$\Delta l\text{-}re^{+}_{t-9}$	0.090**	0.036	$\Delta l\text{-}rs^{+}_{t-6}$	0.928***	0.157	$\Delta l\text{-}nf^{+}_{t-12}$	-0.104***	0.027
$\Delta l\text{-}re^{+}_{t-10}$	-0.096***	0.032	$\Delta l\text{-}rs^{+}_{t-7}$	-0.649***	0.150	$\Delta l\text{-}nf^{-}_{t-12}$	0.183***	0.068
—	—	—	$\Delta l\text{-}rs^{+}_{t-9}$	0.603***	0.137	—	—	—
—	—	—	$\Delta l\text{-}rs^{+}_{t-10}$	-0.428***	0.123	—	—	—
—	—	—	$\Delta l\text{-}rs^{-}_{t-1}$	-1.845*	0.934	—	—	—
—	—	—	$\Delta l\text{-}rs^{-}_{t-6}$	-1.952*	0.991	—	—	—
R^2	0.524	—	R^2	0.650	—	R^2	0.580	—
$\bar{R}^2$	0.466	—	$\bar{R}^2$	0.592	—	$\bar{R}^2$	0.528	—
F_{PSS}	10.176**	—	F_{PSS}	18.129***	—	F_{PSS}	21.380***	—
W_{LR}	4.583**	—	W_{LR}	0.025	—	W_{LR}	4.481**	—

注：①边限检验统计量 F_{PSS} 检验变量是否存在长期协整关系，当 $k=2$ 时，F_{PSS} 为 4.85。

②瓦尔德统计量 W_{LR} 用来检验长期系数非对称性，本书选用 t 分布的瓦尔德统计量进行检验。

③全部估计结果保留3位小数；*，**，*** 分别表示10%，5%，1%显著性水平。

④上角标"+"和"-"分别表示正向分量和负向分量。

从系数估计结果看,在模型1中,实体经济部门杠杆的长期正向影响系数为0.060,长期负向影响系数为0.585,即实体经济部门杠杆率上升1个百分点,则会导致房地产价格泡沫长期上升0.06%;反之实体经济部门杠杆下降1个百分点,则会导致房地产价格泡沫下降0.585%。由模型3所示的非金融企业部门杠杆率对房地产泡沫的影响与模型1的结果相类似,由于非金融企业信贷为实体经济的主要构成,因此其对房地产泡沫的影响机制类似于实体经济部门,与实际情况相符,该结果间接证明了模型1的结果具有稳健性。两部门的研究结果与我们的理论结果相一致,即杠杆率的上升会导致资产价格泡沫的上升,反之下降。此外,从实体经济杠杆以及非金融企业杠杆对房地产价格泡沫的长期正向影响显著弱于其负向影响可知,相比于金融杠杆的上升,中国房地产价格泡沫对金融去杠杆更为敏感。即当实体经济部门进入去杠杆周期时,房地产泡沫会经历断崖式破灭阶段。

从短期非对称影响系数可见,房地产价格泡沫短期受自身滞后影响较为显著,显著的短期滞后影响的滞后期数分别为3,4,6,7,12期,其中滞后3,6,12期系数均为正值,在一定程度上体现了房地产价格泡沫的正向反馈机制。此外,房地产价格泡沫受实体经济部门杠杆的短期正向影响较为显著,且影响系数的绝对值随滞后期的增加而有所加强,在一定程度上体现了实体经济杠杆短期影响的非对称性。

模型2的估计结果显示,居民部门杠杆率的长期影响系数分别为-0.106和0.876。即居民部门杠杆率上升1个百分点,则会导致房地产价格泡沫长期下降0.106%;反之居民部门杠杆率下降1个百分点,会导致房地产价格泡沫下降0.876%,二者均会导致房地产价格泡沫的下降,且居民部门杠杆的负向影响强度大于正向影响。居民部门杠杆的上升与资产价格泡沫负向关系的结论显著区别于实体经济部门,体现了居民部门杠杆调整对资产价格泡沫具有较强的不确定性。

从中国的实际情况而言,房地产市场是实体经济的重要组成部分,因此房地产价格泡沫对实体经济杠杆具有较强敏感性。从供需角度看,实体经济中的非金融企业部门既是房地产的主要供给者,又是房地产市场的需求者,因此实体经济部门杠杆的上升会导致以房地产行业为代表的实体经济部门提升房地产供应总量。当购房需求旺盛,房地产处于卖方市场时,需求大于供给,则会导致房地产价格的非理性繁荣。此外强烈的购房需求是中国居民部门杠杆上升的最主要因素,但从模型2的估计结果看,居民部门杠杆的上升

4 中国宏观金融杠杆对房地产价格泡沫的非对称动态影响效应

并不会导致资产价格泡沫的显著上升，反而会引起资产价格泡沫的小幅度下降。这可能是由于在居民部门的购房需求中，更多为刚性需求，该购房群体中的投机情绪并不是最为显著的。但若对居民部门实行去杠杆政策，对资产价格泡沫的反应是最为强烈的。因此对居民部门进行去杠杆调控时，很可能会引起房地产泡沫急速破灭，威胁金融稳定。

如表4-3所示，模型4-6的F_{PSS}边限检验的结果同样表明房地产价格泡沫与政府部门、中央政府部门、地方政府部门存在长期协整关系。而瓦尔德统计量W_{LR}仅在模型5中不显著，因此此处仍将三种模型设定为长期非对称和短期非对称形式（AA）的NARDL模型。

表4-3 中国房地产市场资产价格泡沫与政府部门、
中央政府部门、地方政府部门杠杆率的模型估计结果

政府部门（模型4）			中央政府部门（模型5）			地方政府部门（模型6）		
变量	估计系数	标准误	变量	估计系数	标准误	变量	估计系数	标准误
C	-0.108	0.068	C	0.821*	0.162	C	0.002	0.060
bu_{t-1}	-0.108***	0.032	bu_{t-1}	-0.089***	0.024	bu_{t-1}	-0.097***	0.026
$l\text{-}gd^+_{t-1}$	-0.030	0.023	$l\text{-}cg^+_{t-1}$	0.053	0.049	$l\text{-}lg^+_{t-1}$	0.003	0.019
$l\text{-}gd^-_{t-1}$	-0.058*	0.034	$l\text{-}cg^-_{t-1}$	0.053	0.053	$l\text{-}lg^-_{t-1}$	-0.018	0.028
$l\text{-}gd^+$	-0.281	—	$l\text{-}cg^+$	0.596	—	$l\text{-}lg^+$	0.028	—
$l\text{-}gd^-$	-0.539	—	$l\text{-}cg^-$	0.596	—	$l\text{-}lg^-$	-0.188	—
Δbu_{t-3}	0.650***	0.096	Δbu_{t-3}	0.296***	0.052	Δbu_{t-3}	0.710***	0.087
Δbu_{t-4}	-0.430***	0.105	$\Delta l\text{-}cg^-_{t-1}$	0.529**	0.209	Δbu_{t-4}	-0.542***	0.100
Δbu_{t-6}	0.526***	0.098	—	—	—	Δbu_{t-6}	0.487***	0.098
Δbu_{t-7}	-0.519***	0.099	—	—	—	Δbu_{t-7}	-0.435***	0.097
Δbu_{t-9}	0.208**	0.100	—	—	—	Δbu_{t-9}	0.196**	0.094
Δbu_{t-10}	-0.245**	0.098	—	—	—	Δbu_{t-10}	-0.188*	0.095
Δbu_{t-12}	0.216***	0.070	—	—	—	Δbu_{t-12}	0.170**	0.068
$\Delta l\text{-}gd^+_{t-12}$	0.176**	0.086	—	—	—	$\Delta l\text{-}lg^-_{t-3}$	0.358***	0.088
$\Delta l\text{-}gd^-_{t-3}$	0.370***	0.083	—	—	—	$\Delta l\text{-}lg^-_{t-4}$	-0.308***	0.089

续表

政府部门（模型4）			中央政府部门（模型5）			地方政府部门（模型6）		
变量	估计系数	标准误	变量	估计系数	标准误	变量	估计系数	标准误
$\Delta l\text{-}gd_{t-4}^-$	-0.398***	0.095	—	—	—	—	—	—
$\Delta l\text{-}gd_{t-6}^-$	0.204*	0.104	—	—	—	—	—	—
$\Delta l\text{-}gd_{t-7}^-$	-0.212**	0.090	—	—	—	—	—	—
R^2	0.613	—	R^2	0.272	—	R^2	0.568	—
$\overline{R}^2$	0.552	—	$\overline{R}^2$	0.240	—	$\overline{R}^2$	0.515	—
F_{PSS}	13.968***	—	F_{PSS}	14.964***	—	F_{PSS}	10.209	—
W_{LR}	4.920**	—	W_{LR}	0.000	—	W_{LR}	5.388**	—

注：①边限检验统计量 F_{PSS} 检验变量是否存在长期协整关系，当 $k=2$ 时，F_{PSS} 为4.85。

②瓦尔德统计量 W_{LR} 用来检验长期系数非对称性，本书选用 t 分布的瓦尔德统计量进行检验。

③全部估计结果保留3位小数；*，**，*** 分别表示10%、5%、1%显著性水平。

④上角标"+"和"-"分别表示正向分量和负向分量。

从系数估计结果看，在模型4中，政府部门杠杆率的长期正向影响系数为-0.281，长期负向影响系数为-0.539，即政府部门杠杆率上期上升1个百分点，会导致房地产价格泡沫长期下降0.281%；反之政府部门杠杆率长期下降1个百分点，则会导致房地产价格泡沫上升0.539%，该结论明显区别于模型1~3中三部门的长期影响。

具体看，模型5中，中央政府部门杠杆率的长期正向影响系数为0.596，长期负向影响系数为0.596，由于模型5中 W_{LR} 统计量不显著，因此长期影响系数呈现对称性特征。相比于地方政府，中央政府债务的主要构成为国债余额，而国债收益率可被视为无风险利率，国债总发行量增加，将引导利率下行，使整体信贷处于宽松阶段。此时以实体经济部门为代表的经济部门会增大杠杆水平，进而导致房地产市场泡沫升高，因此形成中央政府杠杆率水平对房地产泡沫的间接影响。此时中央政府杠杆本质上发挥着信号的作用，对房地产泡沫形成信号指引。

模型6中，地方政府部门杠杆率的长期正向影响系数为0.028，长期负向影响系数则为-0.188，即地方政府部门杠杆率长期上升1个百分点，会导致房地产价格泡沫长期上升0.028%；反之地方政府部门杠杆率长期下降1个百分点，会导致房地产价格泡沫上升 0.188%。地方政府的财政收入大部分上缴中央政府，为缓解地方财政紧张状况，地方政府通过多种方式进行融资以保证财政收支平衡。其中，重要的融资方式即为出让土地，依靠出让土地缓解债务问题。而土地出让与房地产价格泡沫息息相关，当政府杠杆率处于较高水平时，出让土地的总量会显著上升，土地供应的上升会大幅促进房地产行业的繁荣发展，尤其是在研究样本中的一线城市，在房地产市场供求不均的前提下，地方政府对土地财政的依赖程度与房地产价格泡沫正相关，因此地方政府杠杆的正向增加均会导致房地产价格泡沫的显著上升。而地方政府债务长期减少引起的房地产价格泡沫小幅上升的内在逻辑体现在，当地方政府债务负担减少时，其土地出让总量降低，在供求平衡的房地产市场中，土地出让的减少会导致房地产供给减少，抬升房地产价格，进而滋生房地产价格泡沫。因此在治理房价泡沫的过程中，地方政府部门杠杆调整的关键在于降低其杠杆波动。

从上述实体经济部门的杠杆调控效应看，合理控制实体经济部门整体以及非金融企业部门杠杆率水平，是控制房地产市场价格泡沫的有效手段。而鉴于房地产价格泡沫对居民杠杆调整的剧烈反应，在进行居民杠杆调整时，应谨防强力去杠杆所引发的资产价格泡沫崩溃。由于房价泡沫对居民部门加杠杆政策敏感性较低，因此可以通过实行宏观经济杠杆向居民部门转移的方式实现抑制泡沫的效果。此外就政府部门而言，有效发挥中央政府杠杆的信号作用以及"熨平"地方政府债务波动，是将房地产泡沫控制在合理运行区间的有效手段。

如表 4-4 所示，模型 7 和模型 8 的 F_{PSS} 边限检验的结果同样表明房地产价格泡沫与金融部门（资产方）、金融部门（负债方）存在长期协整关系。而瓦尔德统计量 W_{LR} 的结果在模型 7 中不显著。

表 4-4 中国房地产市场资产价格泡沫与金融部门（资产方和负债方）杠杆率的模型估计结果

金融部门（资产）（模型7）			金融部门（负债）（模型8)		
变量	估计系数	标准误	变量	估计系数	标准误
C	−0.054	0.125	C	0.122	0.092
bu_{t-1}	−0.125***	0.030	bu_{t-1}	−0.100***	0.027

续表

金融部门（资产）（模型7）			金融部门（负债）（模型8）		
变量	估计系数	标准误	变量	估计系数	标准误
$l\text{-}fc\,(as)_{t-1}^{+}$	0.013***	0.004	$l\text{-}fc\,(dc)_{t-1}^{+}$	0.022***	0.007
$l\text{-}fc\,(as)_{t-1}^{-}$	0.014**	0.007	$l\text{-}fc\,(dc)_{t-1}^{-}$	0.042***	0.014
$l\text{-}fc\,(as)^{+}$	0.107	—	$l\text{-}fc\,(dc)^{+}$	0.225	—
$l\text{-}fc\,(as)^{-}$	0.112	—	$l\text{-}fc\,(dc)^{-}$	0.425	—
Δbu_{t-3}	0.606***	0.089	Δbu_{t-3}	0.595***	0.088
Δbu_{t-4}	-0.506***	0.104	Δbu_{t-4}	-0.507***	0.101
Δbu_{t-6}	0.396***	0.101	Δbu_{t-6}	0.375***	0.097
Δbu_{t-7}	-0.282***	0.088	Δbu_{t-7}	-0.268***	0.086
$\Delta l\text{-}fc\,(as)_{t}^{+}$	-0.059**	0.023	$\Delta l\text{-}fc\,(dc)_{t}^{+}$	-0.061**	0.023
$\Delta l\text{-}fc\,(as)_{t-12}^{-}$	0.077**	0.033	$\Delta l\text{-}fc\,(dc)_{t-9}^{-}$	-0.122**	0.061
—	—	—	$\Delta l\text{-}fc\,(dc)_{t-10}^{-}$	0.134**	0.061
R^2	0.498		R^2	0.512	
$\overline{R}^2$	0.453		$\overline{R}^2$	0.465	
F_{PSS}	19.191***	—	F_{PSS}	17.222***	—
W_{LR}	0.019		W_{LR}	4.132**	

注：①边限检验统计量 F_{PSS} 检验变量是否存在长期协整关系，当 $k=2$ 时，F_{PSS} 为4.85。
②瓦尔德统计量 W_{LR} 用来检验长期系数非对称性，本书选用 t 分布的瓦尔德统计量进行检验。
③全部估计结果保留3位小数；*，**，*** 分别表示10%，5%，1%显著性水平。
④上角标"+"和"-"分别表示正向分量和负向分量。

模型7和模型8中均为金融部门杠杆率对房地产价格泡沫的回归结果。两者核心解释变量的区别在于统计口径的不同，但二者在总量上以及趋势上存在相似性，本部分重点分析模型7的回归结果。从系数估计结果看，在模型8中，金融部门杠杆率的长期正向影响系数为0.225，长期负向影响系数为0.425，即金融部门杠杆率长期上升1个百分点，会导致房地产价格泡沫上升0.225%；反之下降0.425%。该结论表明，金融部门杠杆水平对房地产价格泡沫长期影响的非对称性整体弱于实体经济。首先，金融体系的高杠杆增加其内部流动性，使得以股票为代表的金融资产价格出现非理性繁荣，间接导致上市的非金融性公司的价值虚增，进而导致流动性进入房地产部门，最终实现金融资产价格泡沫向房地产价格泡沫转移。其次，当传统的金融资产，如股票、债券等无法完全消化金融部门的流动性时，剩余流动性则会流入房地产市场中，此时则体现了房地产市场的金融属性。因此通过上述两种途径可知，金融部门杠杆率的上升导致房地产市场价格泡沫的积聚。此外，相比于房地产价格泡沫的上升机制，下降机制中的斜率更为陡峭，即当金融部门进入去杠杆周期时，房地产市场价格泡沫会同实体经济一样经历巨幅下跌。

4.3.3 金融杠杆的动态效应分析

图 4-3 至图 4-5 为依据公式（4.17）得到的累积脉冲响应图，累积脉冲响应滞后期设为 60 期。本节以脉冲响应乘子曲线的波动性衡量宏观杠杆冲击的不确定性，以其斜率衡量资产价格泡沫对宏观杠杆非对称变动的反应速度，以其变化幅度和方向等特征描述房地产价格泡沫收敛均衡状态的动态路径。

实体经济部门杠杆率与其包含的居民部门、非金融企业部门，以及政府部门杠杆率对房地产价格泡沫的脉冲响应如图 4-3 所示。

第一，实体经济部门杠杆率的正向冲击对房地产价格泡沫具有持续正向影响，且该累积脉冲响应曲线的斜率未随滞后期的变化而发生显著变化，由此可见，面对实体经济部门杠杆的正向冲击，房地产价格泡沫长期保持匀速上涨态势。而当面对实体经济部门杠杆的负向冲击，资产价格泡沫的反应速度显著快于正向冲击，该动态乘数随滞后期的增加而较快地下降至最低点（滞后 10 期），随后达到均衡状态，并维持高位运行状态（见图 A 实体经济部门）。结果证实，负向的实体经济部门杠杆冲击会导致房地产价格泡沫的快速收缩甚至破灭。因此，当经济体中出现大规模的房价泡沫时，可以通过整体实体经济部门去杠杆方式抑制泡沫，但是需谨慎掌握政策强度，防止非对称性冲击影响所带来的恶性后果。

第二，居民部门的正向、负向冲击均会对房地产市场价格泡沫产生负向影响。其中，房价泡沫短期内对正向冲击反应更为迅速，但长期衰减至 0 值附近，而负向冲击的长期影响则得以持续，长期收敛均衡状态大于 0.8（见图 B. 居民部门）。结果表明，总体上居民杠杆波动会导致房地产价格泡沫的收缩，但其负向波动所带来的影响效应更为显著。因此，鉴于居民部门对正向

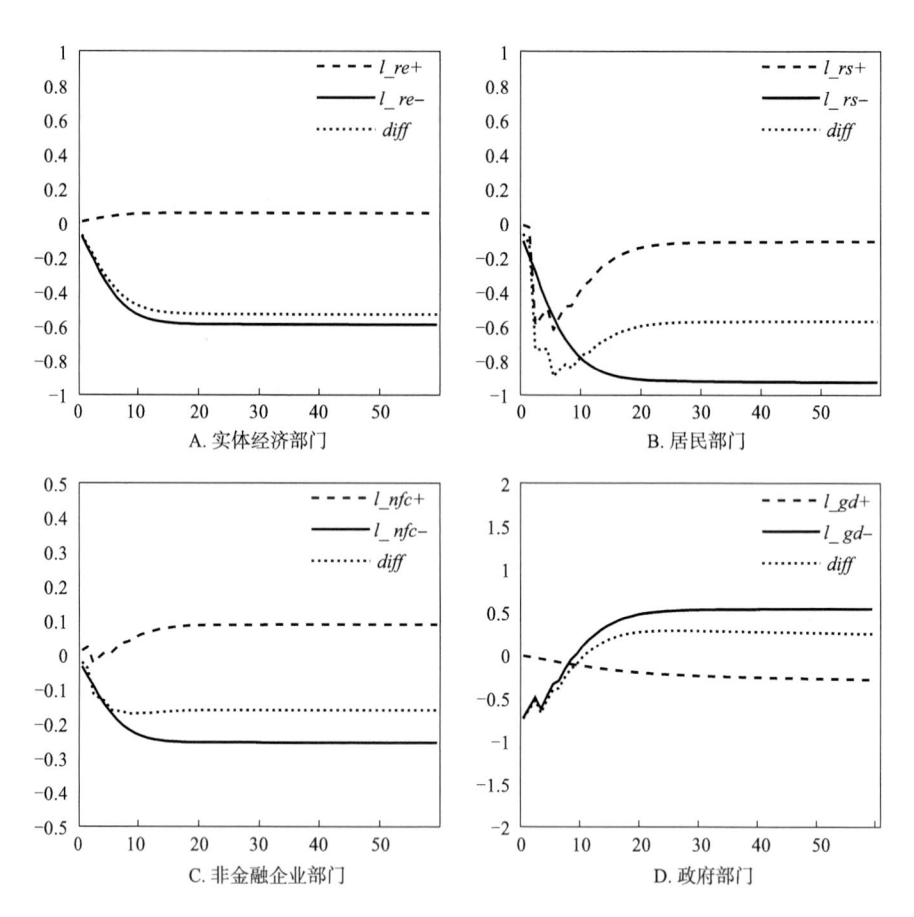

图4-3 实体经济各部门对房地产市场泡沫的非对称动态累积脉冲响应

注：图中"+"代表正向冲击，"-"代表负向冲击，diff代表正负向累积脉冲响应乘数之差。

杠杆冲击的反应长期收敛于0值附近，宏观经济杠杆向居民部门转移是实现房价泡沫调控的重要手段，当前中国居民部门仍然存在较大的加杠杆区间。此外，鉴于居民部门杠杆负向冲击所引起的房地产价格泡沫长期大幅度衰减，因此在使用居民部门去杠杆政策进行房价泡沫调控时，应谨慎掌握货币政策实施尺度，避免导致房价长期进入衰退区间。

第三，非金融企业部门的杠杆冲击导致的资产价格变化路径类似于实体经济部门，但其正向冲击影响强于实体经济部门，并均衡收敛于0.1附近。而其负向冲击所引起的房价泡沫衰减幅度小于整体实体经济部门，并收敛于0.25附近（见图C.非金融企业部门），因此相比实体经济部门，对非金融企业部门实施杠杆调整以期实现房价泡沫调控，政策尺度更易把控，实施效果

4 中国宏观金融杠杆对房地产价格泡沫的非对称动态影响效应

更为精准。

第四，不同于上述三种部门杠杆率的冲击影响，政府部门杠杆率的正向冲击，会导致房地产价格泡沫长期维持低位负值运行并收敛于0.2附近，房价泡沫呈现小幅收缩状态。而其负向冲击则会引起房地产价格泡沫长期上涨，上涨幅度收敛于0.5附近（见图D政府部门）。该结果表明政府部门的杠杆冲击效应与上述三类杠杆方向相反，但正负冲击同样呈现较强的非对称性影响。长期，若政府部门进入去杠杆阶段，则会导致房价泡沫的大幅度上升。

图4-4给出了政府部门细分为中央政府部门和地方政府部门的累积脉冲响应结果。中央政府部门杠杆率的正向冲击会导致房价泡沫短期内缓慢上升，并在15期左右收敛至0.5附近。而其负向冲击会导致资产价格泡沫大幅下降，并长期收敛至0.5附近（见图E中央政府部门）。短期看，房价泡沫对中央政府部门的负向冲击反应更为迅速，但从长期均衡收敛状态看，中央政府的正向、负向冲击具有长期对称性。由此可见，从长期看，中央政府部门的信号作用对房地产价格泡沫的指引作用具有对称性，但在去杠杆政策施行过程中要谨防短期内房地产泡沫破灭的风险。此外，地方政府部门的杠杆冲击影响效应类似于政府部门整体的冲击影响，即地方政府部门杠杆的正向冲击对房地产价格泡沫的长短期冲击影响均较小，长期收敛趋于0，而其负向冲击则会导致房地产价格泡沫的大幅度上升，并在滞后15期左右趋于稳态收敛状

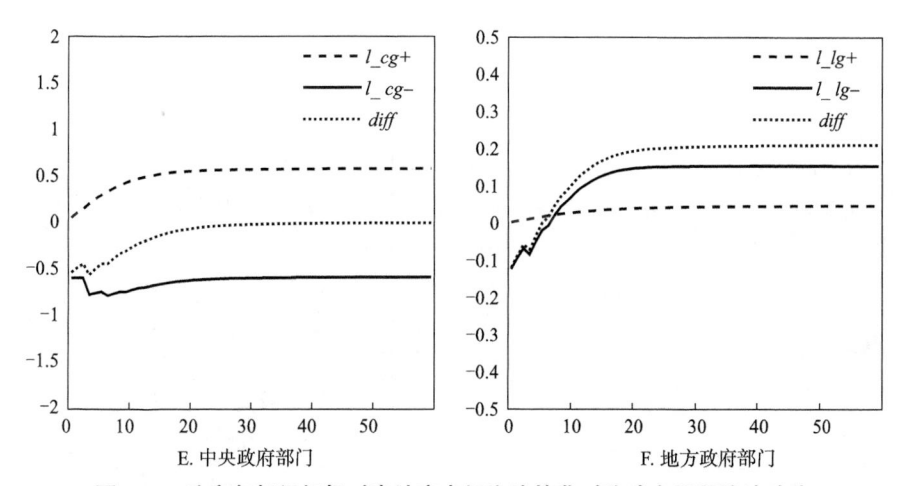

图4-4 政府各部门杠杆对房地产市场泡沫的非对称动态累积脉冲响应

注：图中"+"代表正向冲击，"-"代表负向冲击，diff代表正负向累积脉冲响应乘数之差。

态（见图 F 地方政府部门）。由此可见，当地方政府部门进入去杠杆的债务重整周期过程，会导致房地产泡沫的长期上涨，进而引发房地产市场的非理性繁荣。因此在进行地方政府债务调控过程中，不应仅追求财政收支平衡目标，同时还应兼顾市场稳定目标，对地方政府债务进行有效、渐进性调整。

图 4-5 从资产、负债两方面核算金融杠杆的正负向冲击对房地产价格泡沫的影响累积脉冲响应。由于核算口径的区别，上述两类金融部门杠杆的冲击影响具有一定的差异性。首先，金融部门（资产方）杠杆的正向、负向冲击对房地产价格泡沫具有对称性影响，其中，正向的金融杠杆（资产方）冲击导致房地产价格泡沫长期呈现上升态势，并在 15 期之后进入长期收敛状态，收敛于 0.1 附近，而其负向冲击则会导致房地产价格泡沫长期收缩，其收敛期、收敛速度与正向冲击较为一致 [见图 G 金融部门（资产方）]。其次，相比于从资产方核算的金融部门杠杆，以负债方口径核算的金融杠杆冲击影响强度较大，且正向、负向冲击影响具有一定程度的非对称性。其中，正向的金融部门（负债方）杠杆冲击对房地产价格泡沫具有长期正向影响，并在 20 期左右进入长期收敛状态，并收敛于 0.3 附近。而其负向冲击则会导致房价泡沫短期内大幅收缩，长期内处于快速收缩状态，其影响强度显著高于正向冲击。上述结果表明，当金融部门进入去杠杆周期时，可以有效抑制房地产价格泡沫的快速膨胀，并且负债端的调控效果更为显著。

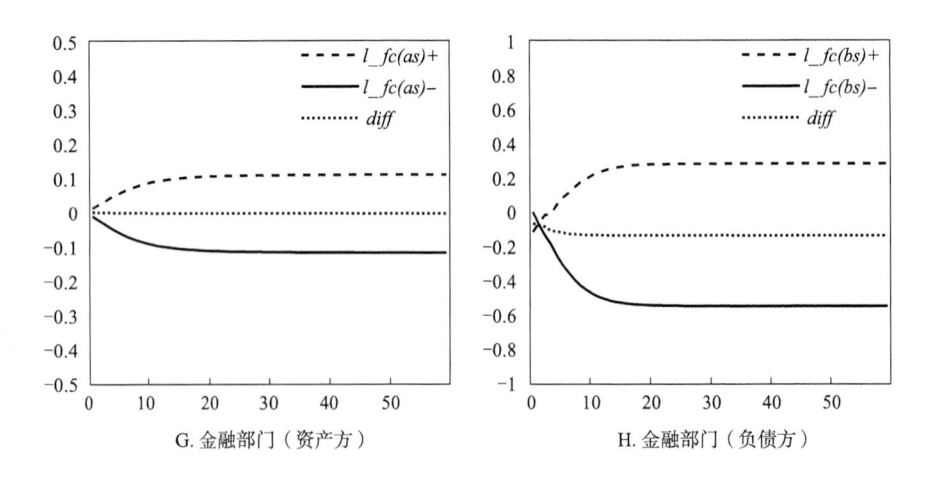

图 4-5 金融部门杠杆对房地产市场泡沫的非对称动态累积脉冲响应

注：图中"+"代表正向冲击，"-"代表负向冲击，*diff* 代表正负向累积脉冲响应乘数之差。

上述结果表明，当房地产市场出现大规模资产价格泡沫，实体经济部门、非金融企业部门、中央政府部门以及金融部门杠杆的负向调整，均会有效抑制资产价格泡沫的持续膨胀。但若实体经济部门（包含居民部门、非金融企业部门、政府部门）同时进入去杠杆周期，则会导致房地产价格泡沫的迅速萎缩，造成房地产价格经历断崖式下跌。因此就实体经济而言，进行部门间的杠杆转移是进行资产价格温和调控的有效手段，首先，将宏观经济杠杆由非金融企业部门转移至居民部门，实现资产价格泡沫的温和收缩。其次，在进行地方政府杠杆调控时，避免因强效去杠杆政策而引起局部房地产价格泡沫大规模膨胀。最后，应有效发挥中央政府部门杠杆调控的信号作用，对房地产市场形成有效的、对称的前瞻性指引。此外，应有效发挥金融部门杠杆的调控作用，尤其注重其负债端调控，避免由于金融系统过度举债而导致金融资产泡沫外溢，以及进而引发的房地产泡沫过度膨胀风险。

4.4 本章小结

本章构建了金融杠杆不确定性下的资产定价理论模型，通过分析金融杠杆调整对资产价格定价偏差的影响，得出在违约概率大于零的情况下，金融杠杆的存在会导致资产价格出现正向资产价格泡沫。为验证上述结论，本章通过构建 NARDL 模型分析了不同部门的宏观金融杠杆对资产价格泡沫的差异性影响。具体得到如下实证结论以及政策建议。

首先，NARDL 模型实证结果表明，不同的宏观经济部门杠杆的差异性调整，对中国房地产价格泡沫具有异质性影响。整体上，实体经济部门以及金融部门的负向杠杆调控，均可有效抑制房地产价格泡沫的持续膨胀。这个实证结果不仅有效验证了我们的理论结果，且与实际中的经济运行状况相符合。

其次，"一刀切"的去杠杆政策不利于房地产市场的稳定运行，当实体经济部门全部门进入去杠杆周期，会导致资产价格泡沫的大幅、快速收缩，进而导致房地产价格经历断崖式下跌。因此，要实现稳定、有序的房价泡沫调控，应差异化对待不同部门杠杆的泡沫调节作用，并采用适度的宏观杠杆转移政策。如在居民部门存在加杠杆空间的前提下，进行宏观经济杠杆由非金融企业部门向居民部门转移。

再次，就实体经济部门的政府部门，区别于其他实体经济部门，地方政府部门杠杆的负向调控会导致资产价格泡沫的正向上升。由此可知，地方政府杠杆负向调控，会引起资产价格泡沫的局部膨胀，由此产生较大的不确定性。此外，中央政府部门的杠杆调控具有较强的确定性影响，因此在泡沫的杠杆调控机制中，避免因强效去杠杆政策而引起局部房地产价格泡沫大规模膨胀；有效发挥中央政府部门杠杆调控的前瞻信号指引作用等。

最后，金融部门应有效发挥杠杆调控作用，尤其注重其负债端调控，避免出现金融系统过度举债导致的金融资产泡沫外溢，以及由此引发的房地产泡沫过度膨胀风险。

上述结论对于中国的金融杠杆管理以及经济金融稳定具有较为突出的意义。

5 异质信念、融资融券失衡与股票价格泡沫

衡量一个资本市场健康与否的重要标准为：第一，资本市场是否具有较强的发现价格功能；第二，资本市场是否具有较高的资产配置效率（吴晓灵等，2015）。作为新兴市场国家，中国资本市场与上述两项标准均存在一定差距，其中最显著的特征为资本市场异常波动现象较为频繁。2006—2007年，受宏观经济高速发展与股权分置改革等政策效应影响，中国股市发生历史性暴涨，并在暴涨之后经历了长达一年之久的低迷状态。部分学者通过与成熟市场对比发现，中国股市之所以会出现频繁的异常波动，是由于长期缺乏卖空机制所致。股市的单边运行状态，导致投资者的悲观信息无法通过股价得以体现，进而引起股票定价偏差、股价波动异常。针对"单边市"存在的弊端，证券监督管理委员会于2010年3月31日推出了融资融券业务，此举为投资者开辟了卖空渠道，结束了中国股市单边运行的状态。并在2010年至2014年四次扩大融资融券标的，沪深两市近1/3的股票可以进行融资融券交易。通过第2章关于非理性资产价格泡沫的异质信念泡沫理论分析，我们知道，在存在卖空限制下，投资者异质信念是导致资产价格泡沫的重要原因。然而，从2015年的股市异常波动看，该卖空渠道的开辟并没有显著提升中国股票市场的价格发现功能。关于2015年股票市场异常波动的成因，以及融资融券市场机制的稳定资产价格的市场作用的讨论，尚未得到统一结论。而关于融资融券机制对股票错误定价影响问题的探讨，是理解中国股市现状，发挥股市的价格发现、资源配置以及服务实体经济的作用，保障股市稳定发展以及防范、化解系统性金融风险等研究的关键问题之一。

本章旨在进一步探究2015年股市异常波动期间资产价格泡沫的成因，并以融资融券作为研究对象，探究该卖空机制对中国资产价格泡沫的影响机理。本章从股票的错误定价角度出发，分析资产价格泡沫、融资融券非对称交易、投资者行为之间的关联机制。本章的具体安排如下：5.1节基于向量误差修正模型对上海证券交易所与深圳证券交易所的资产价格泡沫进行测度；5.2节介

绍本章实证分析中使用的带有无限区制的多元向量自回归（infinite regime time varying auto regression，RTV-VAR）模型；5.3 节基于异质信念、融资融券失衡视角，对 2015 年股市异常波动期间的资产价格泡沫成因进行实证分析；5.4 节为本章小结。

相比于以往研究，本章的创新之处体现在，关于融资融券机制对股票定价效率以及崩盘风险的大部分研究，以单一资本市场作为研究对象，缺少比较研究。而本章同时对上海证券交易所与深圳证券交易所市场进行比较研究。此外，从中国资本市场的现实角度出发，采用具有灵活捕捉股价变化机制的，带有时变区制转移的向量自回归模型，分析沪、深两板块市场融资融券交易对股票价格泡沫的时变影响机制。

5.1 中国沪、深股票市场资产价格泡沫测度

为分析融资融券非对称交易、投资者异质信念对上海主板市场、深圳主板市场的股票价格泡沫的作用机理，本节需对股票价格泡沫进行测度。股价泡沫通常被认为是股票价格对其基础价值的偏离，因此对基础价值的测量是测度股价泡沫的前提。由于中国上市公司分红较少，致使分红时间序列不完整，常用的股利倍数法、现金流折现法等方法难以准确给出股票的基础价值（刘晓星和石广平，2018）。本节采用代表宏观基本面的关键指标拟合资本市场整体基础价值（陈国进等，2009）。选取 2009 年 12 月至 2018 年 2 月的工业增加值、居民消费价格指数、银行间同业拆借利率三个宏观经济变量作为基本面的代理变量，分别建立上证综合指数（SH-SP）、深证综合指数（SZ-SP）和上述宏观变量之间的向量误差修正模型，求得各指数的残差即为其第 t 期的泡沫成分，分别记为 SH-SB 与 SZ-SB。并将该结果与泡沫识别结果进行比较以及修正。

图 5-1、图 5-2 分别给出上证综合指数及其泡沫成分的走势，以及深证综合指数及其泡沫成分的走势（两图中的左坐标轴均表示股票价格，右坐标轴均表示股票泡沫成分）。从测度结果看，向量误差模型的随机误差项为泡沫规模代理变量，均捕捉到 2015 年上半年中国股票的异常波动情况，结合第 3 章中关于资产价格泡沫的 PSY 识别结果，可以认为该随机误差项具有泡沫规模较好的代理能力，因此可以作为后续实证分析中的核心变量。

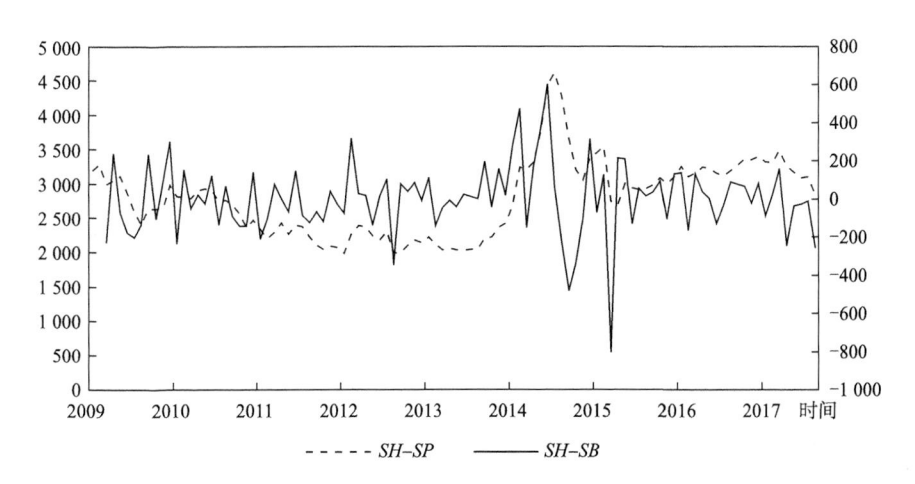

图 5-1 上证综合指数及其泡沫成分走势

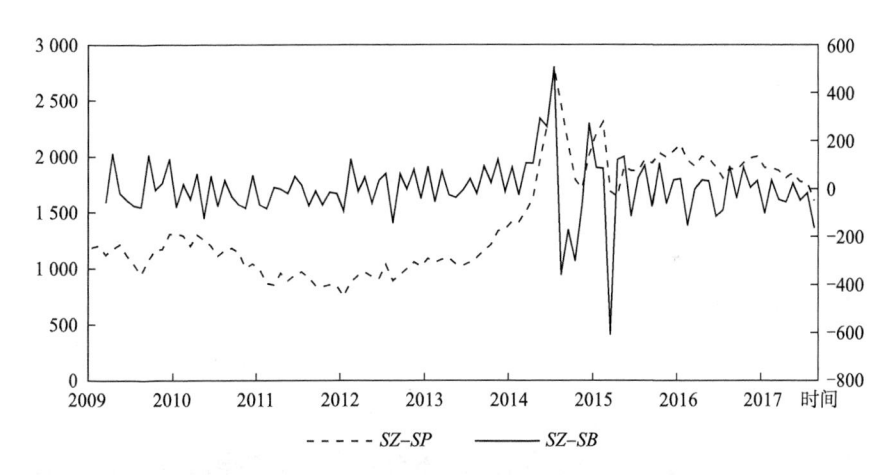

图 5-2 深证综合指数及其各自泡沫成分走势

5.2 多元时变向量自回归模型

格兰杰因果方法常被用于检验变量之间的相关关系，该检验要求时间序列数据必须为平稳序列。为避免一阶差分带来的信息损失，本节使用刘洋和陈守东（2016，2018）扩展的带有无限区制的多元时变向量自回归（RTV-VAR）模型对融资融券非对称交易、投资者异质信念与股票市场价格泡沫之间的时变因果关系进行检验。RTV-VAR 模型的具体设定如下：

$$y_t = \varphi_{0,S_t} + \sum_{i=1}^{m}\beta_{i,S_t}y_{t-i}+\varepsilon_t, \quad \varepsilon_t \sim N(0,\sigma_{s_t}^2), \quad t=1,2,\cdots T, \quad i=1,2,\cdots,m$$

(5.1)

其中，y_t 为待检验变量组成的 n 维向量，n 为变量个数，其中 t 表示时变变量所处的时间位置，总时间长度为 T。截距项系数向量 φ_{0,S_t}，其中滞后 i 阶系数向量 β_{i,S_t} 均服从相同正态分布，且正态分布的均值为 μ，方差为 Σ，其形式为 $\varphi_{0,S_t}, \beta_{1,S_t}, \cdots, \beta_{m,S_t} \sim N(\mu, \Sigma)$。其中，均值 μ 服从均值为 b_0 方差为 B_0 的正态分布，具体形式可表示为 $\mu \sim N(b_0, B_0)$、方差 Σ 服从 Wischart 共轭分布，表示为 $\Sigma \sim \ln v\text{-}Wishart(Z_0, m_0)$，其中自由度为 Z_0，尺度参数为 m_0；随机扰动项 ε_t 服从均值为 0 方差为 $\sigma_{s_t}^2$ 的正态分布，表示为 $\varepsilon_t \sim N(0, \sigma_{s_t}^2)$，其中方差 $\sigma_{s_t}^2$ 服从逆伽马分布，即 $\sigma_{s_t}^2 \sim \ln v\text{-}Gamma(c_0, d_0)$，其中 c_0 为形状参数，d_0 为尺度参数。$\varphi_{0,S_t}, \beta_{i,S_t}$（$i=1,\cdots,m$）与 $\sigma_{s_t}^2$ 均设定存在区制特征，状态潜变量 S_t 服从多项式分布，即 $S_t \sim Multinomial(\omega_{S_{t-1}})$。其中 $\omega_{S_{t-1}}$ 为状态转移的概率测度向量，公式如下：

$$\omega_{S_{t-1}} \mid \alpha, \gamma, \kappa \sim DP\left(\alpha+\kappa, \frac{\alpha\gamma+\kappa\delta_j}{\alpha+\kappa}\right) \quad \gamma \sim stick\text{-}breaking(\nu) \quad (5.2)$$

其中，DP 为狄利克雷过程，第一个参数 $\alpha+\kappa$ 对应可能出现的新状态，α 为分散系数，κ 为黏性参数，第二个参数 $\frac{\alpha\gamma+\kappa\delta_j}{\alpha+\kappa}$ 对应于已出现的状态。其中，δ_j 为示性变量，即当 $S_{t-1}=j$ 时 $\delta_j=1$，否则为 0。γ 是由断棍过程所产生的分布特征参数，其中 ν 为断棍过程控制衰减过程的参数。

$b_0=0$, $B_0=5$, $Z_0=5$, $m_0=10$, $c_0=2.5$, $d_0=1.5$, $\alpha=2$, $\nu=2$, $\kappa=10$ 为各超参数设定。RTV-VAR 模型可以通过贝叶斯估计方法获得时变参数，此外由于其状态潜变量多项式分布设定，可以通过后验模拟确定区制数量，进而克服主观设置区制状态的弊端。本节主要通过估计（5.1）式中滞后一阶系数 β_{1,S_t} 的后验无偏中位数 Beta（1），进行一阶滞后因果关系分析。由于 RVT-VAR 模型待估参数众多，因此在因果关系分析时，仅进行一阶滞后因果关系分析。区别于传统的非时变因果关系的假设检验方法，着重考察滞后一阶的系数是否为 0 来检验时变因果关系。即当模型估计的时变后验一阶中位数普遍不等于 0 时，解释变量与被解释变量之间存在因果关系，否则不存在因果关系。

5.3 中国多层次股票市场资产价格泡沫形成机理的实证分析

5.3.1 数据选择

本节研究的主要变量除股价泡沫外，还有融资融券交易以及投资者异质信念。选择上海主板与深圳主板市场的融资买入余额与融券卖出余额的比值，作为融资融券非对称交易的代理变量，用来衡量融资融券的杠杆交易特征。选取换手率作为异质信念的代理变量，研究投资者异质信念与中国多层次股票市场价格泡沫的因果关系，通常认为换手率越高，投资者异质性信念越强烈。

由于不同板块的融资融券业务开始的时间不同，考虑数据的可获得性，选用2010年4月至2018年2月的上海主板、深圳主板数据。除股票价格泡沫数据外，其余数据均来源于 Wind 数据库。表5-1给出了上述两个市场各项指标的描述性统计，如表5-1所示，上海主板市场泡沫成分变量的均值与方差统计特征均显著高于深圳主板市场的泡沫成分，说明上海主板市场泡沫的总体规模较大，且波动较大。在融资融券余额比方面二者的均值与方差统计特征较为相似，换手率方面两者的均值和方差在统计特征上表现出较大差异。其中，深圳主板市场的换手率均值较高，且波动较大。

表 5-1　变量描述性统计结果

股票板块	符号	含义	均值	标准差
上海主板	SH-SB	上海主板市场股票价格泡沫	3.354	187.740
	SH-ML	上海主板市场融资买入余额	2 899.226	2 877.661
	SH-SL	上海主板市场融券卖出余额	13.694	9.707
	SH-MT	上海主板市场融资买入余额与融券卖出余额比	259.697	266.496
	SH-TR	上海主板市场换手率	0.692	0.476
	SH-SP	上海主板市场股票价格	2 784.939	552.662
深圳主板	SZ-SB	深圳主板市场股票价格泡沫	1.231	128.653
	SZ-ML	深圳主板市场融资买入余额	995.601	865.432

续表

股票板块	符号	含义	均值	标准差
深圳主板	SZ-SL	深圳主板市场融券卖出余额	4.283	2.841
	SZ-MT	深圳主板市场融资买入余额与融券卖出余额比	249.126	229.685
	SZ-TR	深圳主板市场换手率	1.583	0.960
	SZ-SP	深圳主板市场股票价格	1422.847	467.810

注：数据来源于作者计算整理。

5.3.2 实证分析

本书使用 RTV-VAR 模型对上述两个市场分别进行因果关系检验，令 y_t = ($SH\text{-}SB_t$，$SH\text{-}MT_t$，$SH\text{-}TR_t$)；y_t = ($SZ\text{-}SB_t$，$SZ\text{-}MT_t$，$SZ\text{-}TR_t$)。在不设置具体区制的前提下，进行区制参数的估计以及区制数量的模拟，如表 5-2 所示。

表 5-2 区制模拟结果

上海主板市场			
被解释变量	最大后验断点概率 Pr($S_t \neq S_{t-1}$)	最优区制数设定	区制断点
SH-BU	41.1%	3	2010 年 11 月、2014 年 7 月、2014 年 10 月、2016 年 1 月、2016 年 5 月
SH-MT	100%	4	2010 年 11 月、2011 年 4 月、2011 年 11 月、2015 年 5 月、2015 年 9 月、2016 年 6 月、2016 年 11 月
SH-TR	41.3%	2	2014 年 8 月、2016 年 1 月
深圳主板市场			
被解释变量	最大后验断点概率 Pr($S_t \neq S_{t-1}$)	最优区制数设定	区制断点
SZ-SB	41.6%	3	2010 年 8 月、2014 年 12 月、2015 年 5 月、2016 年 3 月、2016 年 5 月

续表

	上海主板市场		
SZ-MT	97.2%	3	2010年11月、2011年3月、2015年5月、2016年9月、2017年11月
SZ-TR	86.2%	2	2010年7月、2011年1月、2014年7月、2015年11月

注：数据来源于作者计算整理。

表5-2给出了上海主板市场、深圳主板市场RTV-VAR模型估计的后验区制断点概率，以及区制数量后验分布的整理数据。其中区制断点概率度量了不同时期参数不同区制发生转换的可能性。由表5-2可以看出，两主板市场分别以各自三个变量为被解释变量时，均出现区制断点概率大于20%的情况。以融资融券余额比为被解释变量时，两市场的参数估计结果均出现较大区制断点概率，最大断点概率值达到90%以上。相比之下，以股票价格泡沫为被解释变量时，区制断点概率较小，最大断点概率值大于40%，两个市场的区制断点概率整体走势较为相近。若认为当区制断点概率达到20%时发生区制转换，那么结合区制状态数量的后验密度、区制断点后验概率，以及实际的时间序列变化特征，对RTV-VAR模型滞后一阶系数后验中位数（Beta(1)）进行了如图5-3至图5-8所示的区制划分。由于RTV-VAR模型的时变分析结果为每次重新迭代，无法计算不同区制间的转移概率，因此需要根据区制断点、后验区制数量以及实际情况进行主观区制划分，不同颜色的阴影部分用以区分区制差别，RTV-VAR模型滞后一阶系数后验中位数用来描述解释变量与被解释变量的时变因果关系。

图5-3给出了当上海主板市场股票价格泡沫作为被解释变量时，RTV-VAR模型中三个变量的一阶滞后项系数的后验中位数。总体看，融资融券余额比对股价泡沫呈现持久的正向影响，即当融资余额远高于融券余额，致使融资融券机制呈现高杠杆特征时，较高的杠杆交易促进了股价泡沫的上升。而以换手率为代理变量的投资者异质信念指标则对股价泡沫整体呈现负向解释能力，即股价泡沫随着换手率的升高而降低，与常等（Chang et al., 2012）的研究结论相符，间接说明融资融券交易制度在一定程度上缓解了上海主板市场的卖空约束。虽然较高的融资余额加大了融资融券制度的杠杆交易特征，使其直接正向作用于股价泡沫，但同时也通过放松卖空约束进而较

大程度地吸收投资者的悲观情绪，负向引导股价泡沫，纠正股票的错误定价。

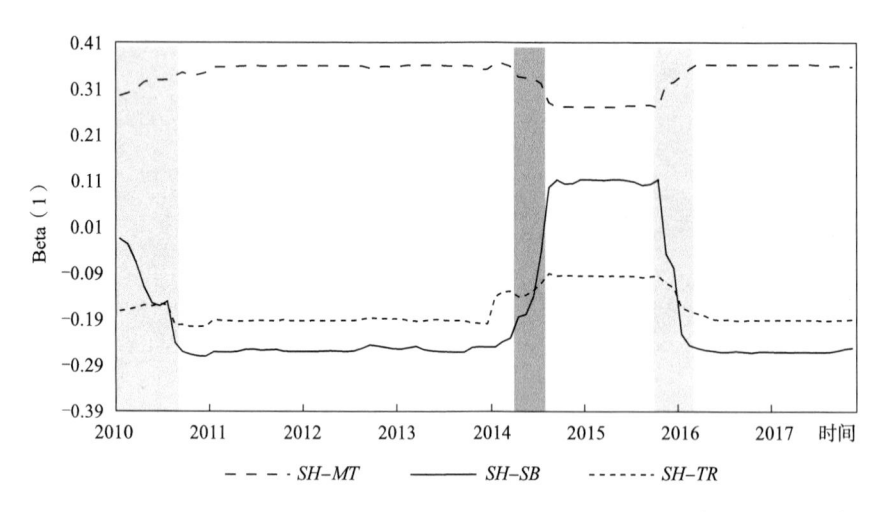

图 5-3　上海主板市场滞后一阶系数后验中位数（被解释变量为 SH-SB）

此外，如图 5-3 所示，SH-SB，SH-MT，SH-TR 的滞后一阶对上海主板市场股价泡沫（SH-SB）的当期影响呈现三区制特征。其中 2010 年 4 月—11 月与 2016 年 1 月—5 月为区制一；2014 年 7 月—10 月为区制二，剩余阶段处于区制三状态。在区制一下，股价泡沫滞后一阶对其当期前的影响大幅减弱，此时股价泡沫的自身演化动力不足。结合上海主板市场的实际情况可知，区制一状态处于 2009 年 10 月和 2015 年 6 月的股市价格暴跌半年之后的股市价格泡沫破灭状态。融资融券余额非对称性对股价泡沫影响显著加强，虽然换手率对股价泡沫的负向影响程度加深，但融资融券的绝对影响显著高于换手率。这说明上海主板市场在股价泡沫处于破灭阶段时，融资融券非对称交易导致的杠杆交易特征的影响高于其缓释卖空约束作用的影响，融资融券失衡程度的上升对股价呈现"杀跌"作用，将股市拖入更深的衰退之中。

在区制二股票泡沫自身演化动力快速上升，以及区制三（2014 年 12 月—2015 年 11 月）股价泡沫自身演化动力高位运行状态阶段，两个阶段经历了 2015 年股价泡沫快速膨胀以及股价泡沫的迅速破灭过程，由此可以看出，较高的股价自身演化动力，对股价泡沫自身形成"助涨杀跌"作用。结合实际情况可知，在股价泡沫快速膨胀时，虽然融资融券余额比上升且融券余额整体较小（见表 5-1），表现出更强的非对称性，但在此阶段融券余额的波动以及变化速度显著快于融资交易，进而导致区制二以及区制三阶段，融资融券失衡对股价泡沫影响程度持续下降，且该影响并未因 2015 年股灾后融券机制的限制而快速下降和及时停止，其影响惯性延伸至股灾后的 4 个月，即 2015 年 11 月。区制二以及区制三阶段，此时换手率的负向影响程度减弱，即缓释卖空约束的作用也有所减弱。结合上海主板市场股价泡沫的变化特征，发现在股价泡沫快速膨胀阶段以及快速下降阶段，融资融券非对称交易所致的杠杆交易特征，以及融资融券制度放松卖空约束的特征虽均有所减弱，但依然对整体股价形成一定的"助涨"作用。因此在 2015 年股市异常波动期间，融资融券机制整体加剧了股价波动。

图 5-4 给出当上海主板市场融资融券余额比为被解释变量时，RTV-VAR 模型中三个变量的一阶滞后项系数的后验中位数。

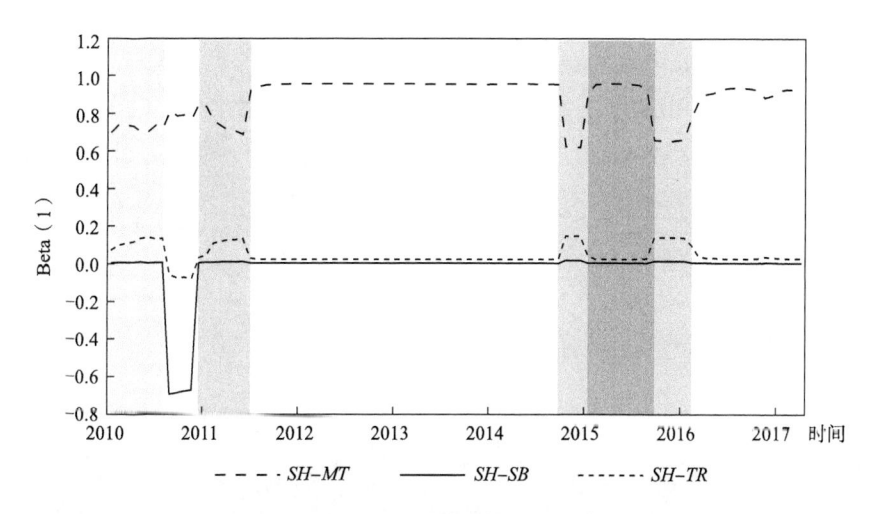

图 5-4　上海主板市场滞后一阶系数后验中位数（被解释变量为 $SH\text{-}MT$）

可以看出，被解释变量的变化主要来源于自身演化动力，而股价泡沫与换手率对其影响程度整体较小。$SH\text{-}SB$，$SH\text{-}MT$，$SH\text{-}TR$ 的滞后一阶对上海主板市场融资融券余额比（$SH\text{-}MT$）的当期影响呈现四区制特征，以断点概率大于 20% 进行区制划分，2011 年 4 月至 11 月、2015 年 5 月至 9 月、2016 年 6 月至 11 月为区制一状态；2015 年 9 月至 2016 年 6 月为区制二状态；2010 年 4 月至 11 月为区制三状态，其余区间为区制四状态。结合图 5-3 股市泡沫的分析结果以及中国股票市场现实可得，在 2011 年股市泡沫破灭状态之后以及 2015 年 6 月股市泡沫破灭状态前后等股价泡沫极为活跃期间，上海主板市场换手率出现较强波动，以换手率为代表的投资者异质信念对融资融券出现了短暂正向影响，说明上海主板市场的投资者在股价泡沫发生前后，借助融资融券缓释其情绪波动的意愿有所加强，因此该信号可以用来预警股市泡沫快速攀升以及快速破灭情况的发生。

图 5-5 给出了当上海主板市场换手率为被解释变量时，RTV-VAR 模型的估计结果。换手率主要受自身演化动力影响，股市泡沫以及融资融券余额比对其当期值的影响整体较小。结合实际情况我们知道，换手率代理的投资者情绪指标所受影响因素较为复杂，通常包含宏观基本面因素、市场内部外部因素，以及国际、国内因素等。因此换手率的变化主要来源于其自身以及外生因素的影响。结合区制结果及上海主板市场换手率的实际走势，我们发现，在股价异常波动阶段，换手率的自身演化动力有所减弱，即在市场利好因素较多时投资者情绪普遍乐观，在市场利空时投资者情绪普遍呈现悲观状态。此外，在 2015 年股市异常波动前后，融资融券余额比对换手率的当期影响显著加强，且加强幅度大于图 5-4 所示的换手率对融资融券的正向驱动，二者的不平衡正向反馈对股价泡沫的演化起到了一定的缓冲作用，但缓冲作用微弱。

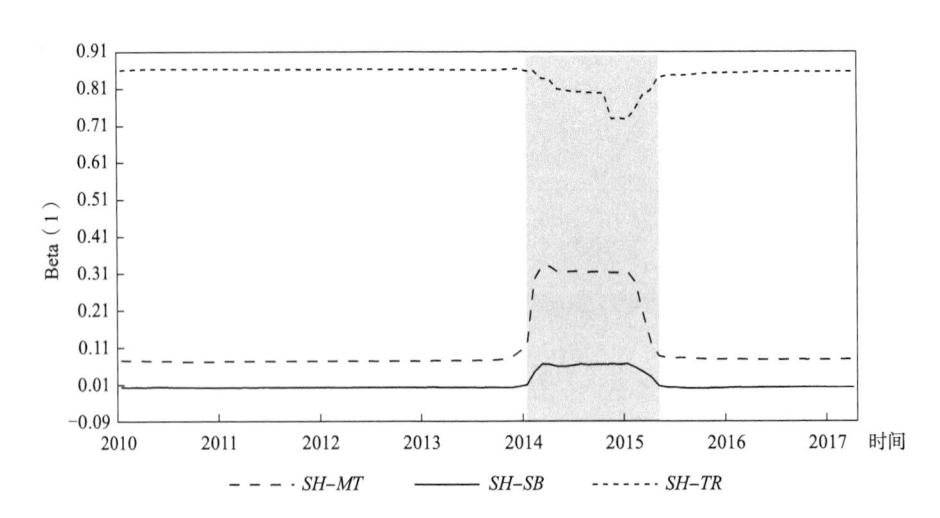

图 5-5　上海主板市场滞后一阶系数后验中位数（被解释变量为 $SH\text{-}TR$）

图 5-6 给出了深圳主板市场股票价格泡沫为被解释变量时，RTV-VAR 模型中三个变量的一阶滞后项系数的后验中位数。深圳市场融资融券余额比对

股市泡沫的整体影响极小，说明深圳主板市场的融资融券非对称交易并未引起较强的杠杆交易特征。换手率对股市泡沫当期值的影响整体为负值，说明深圳主板市场的融资融券制度发挥了较好的缓释卖空约束的作用。结合表 5-2 区制分析可得 2010 年 4 月至 8 月、2016 年 3 月至 5 月为区制一阶段，该阶段为股价泡沫自身演化动力迅速减弱阶段；2014 年 12 月—2015 年 5 月为区制二阶段，该阶段为股价泡沫的自身演化动力加强阶段，股价泡沫呈快速攀升阶段；其余状态为区制三阶段，即股价泡沫低位平稳运行以及高位平稳运行阶段。从区制特征中可以看出，区制二状态下，融资融券比对股价泡沫的影响由正转负，起到短暂的抑制作用；反之当股市泡沫自身演化动力减弱时融资融券比的影响由负值转为正值，起到短暂的拉升作用。由此可得，深圳主板市场的融资融券非对称交易所产生的杠杆效应较弱，并未体现明显的"助涨杀跌"效应。结合换手率的区制特征可以进一步得到，相比于上海主板市场，深圳市场融资融券非对称交易导致的杠杆效应引起的定价偏差较小。

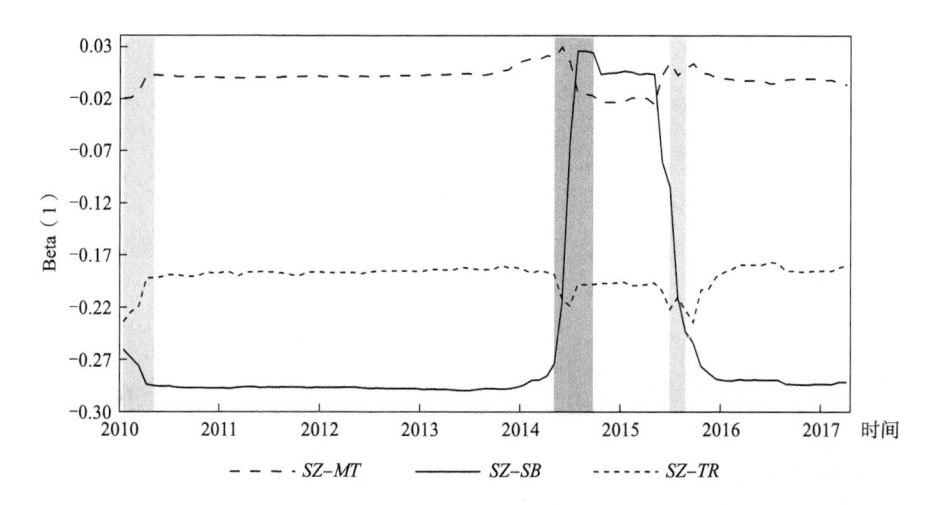

图 5-6 深圳主板市场滞后一阶系数后验中位数（被解释变量为 *SZ-SB*）

虽然上海主板市场与深圳主板市场的融资融券余额比指标呈现相似走势，但上海主板的融资买入余额远高于深圳主板市场的融资买入余额，即使上海主板市场的市值较大，但较高的融资余额导致融资融券失衡，对上海主板市场体现了较强的杠杆效应。此外，由于上海主板市场多以大盘蓝筹股为主，深市主要以中小盘为主，导致深圳市场对宏观经济信号以及市场信号反应更为灵敏，因此其股价泡沫规模相对较小。规模较小的股价泡沫为融资融券失衡未发挥其杠杆作用的另一原因，这从侧面反映出深圳市场具备相对较好的市场有效性。

图 5-7 给出了深圳主板融资融券比为被解释变量时，RTV-VAR 模型估计时变系数的后验中位数，深圳主板市场的融资融券余额比当期值主要受自身滞后阶正向影响较大，且该时变系数较为恒定；受换手率滞后一阶的正向影响较弱，股价泡沫对其当期影响最弱。此外，我们发现换手率滞后一阶对融资融券余额比当期值具有显著的区制特征，尤其在股价泡沫破灭前夕该正向影响出现快速加强趋势，相比于上海主板市场，深圳主板市场投资者的情绪波动，通过融资融券交易表达的意愿更为强烈，更能作为股价泡沫破裂的预警信号。

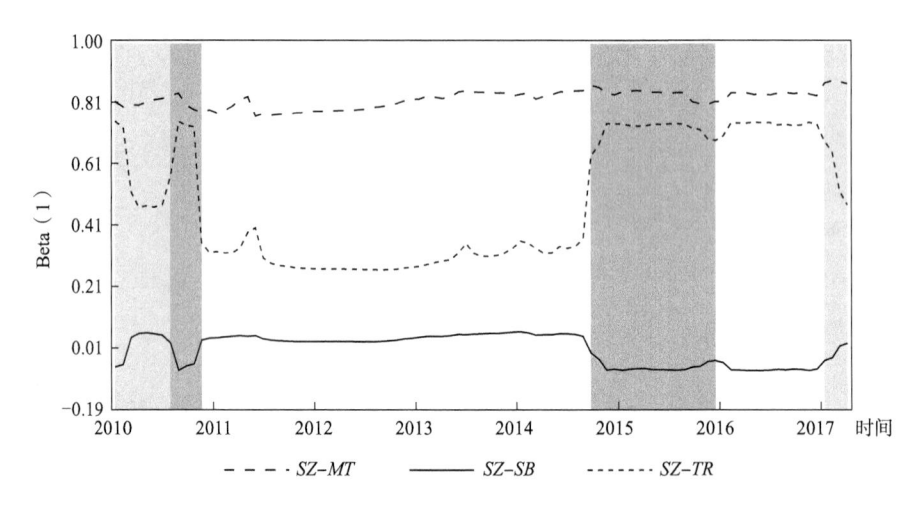

图 5-7　深圳主板市场滞后一阶系数后验中位数（被解释变量为 SZ-MT）

图 5-8 给出了深圳主板市场换手率为被解释变量时的 RTV-VAR 模型估计结果，换手率的当期变化主要来自自身演化动力，股价泡沫以及融资融券余额比对其影响较小。结合区制分析可得，在股价泡沫快速膨胀以及破灭期间即股价异常波动期间，其自身演化动力有所减弱，而股价泡沫以及融资融券的影响显著加强。在异常波动期间，换手率以及融资融券非对称交易会形成抑制股价泡沫的正反馈环，对股价异常波动起到较强的"缓冲器"作用，但鉴于融资融券整体规模较小等原因的限制，该"缓冲器"的存在并未能有效阻止股价波动。

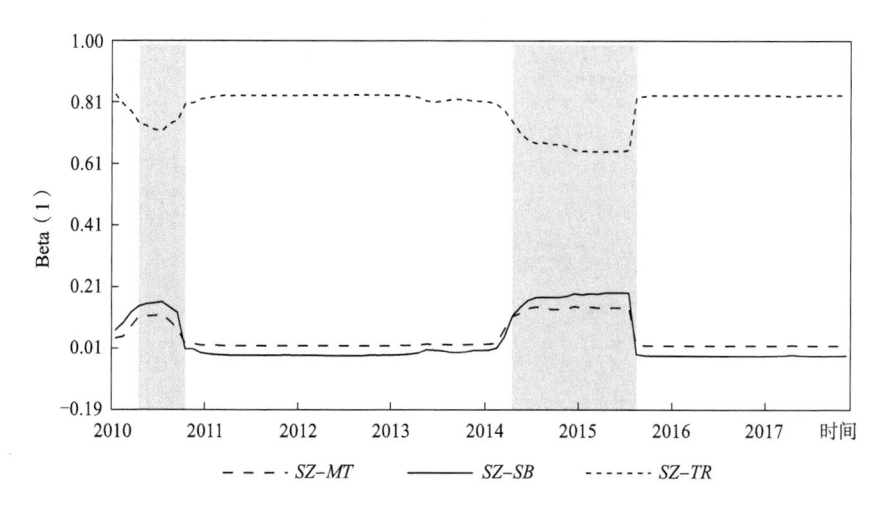

图 5-8　深圳主板市场滞后一阶系数后验中位数（被解释变量为 *SZ-TR*）

结合前文分析，本书给出了如图 5-9 所示的上海主板市场以及深圳主板市场的因果关系传导结构，在图 5-9 所示的因果关系传导结构中，箭头的深浅代表两变量间影响时间的持续性，其中黑色箭头表明两变量之间的影响时间较为持续，灰色箭头表明两变量之间呈现阶段性影响关系，无色箭头表明两变量之间影响时间最短接近于零，呈现间断性影响关系。该因果关系结构图更为清晰地给出了两个市场各自三个变量间的正向传导与反向倒逼关系，以及互相影响的持续性。从因果关系图可以看出，上海主板市场与深圳主板市场的融资融券余额比均对换手率指标呈现阶段性正向影响，而深圳主板市场的换手率指标对融资融券余额比的反向倒逼则呈现持续性正向影响，上海主板市场的反向倒逼仅呈现阶段性正向影响。由此可以看出，深圳主板市场的融资融券余额比与换手率指标之间的正向反馈程度强于上海主板市场。间接说明在深圳主板市场中，以融资融券余额比代理的卖空约束与换手率代理的投资者情绪关联更为紧密，即深圳主板市场投资者情绪表达更为有效。深圳主板市场的投资者情绪得到更有效的表达，导致股票价格未大幅度偏离基础价值，因此深圳主板市场的股票价格泡沫规模相对较小。同时，投资者情绪的有效表达也使得深圳主板市场融资融券失衡产生的杠杆作用未催生较大的资产泡沫。

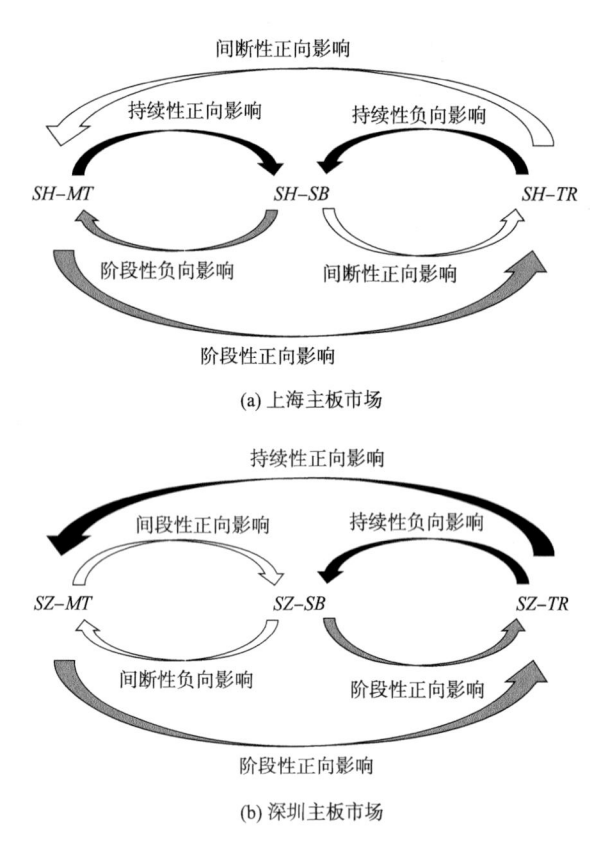

图 5-9 三元 RTV-VAR 模型因果关系传导结构

5.4 本章小结

本章在卖空约束下分析了投资者异质信念对股票错误定价的影响，并采用带有无限区制的向量自回归模型分析了以融资融券制度（制度因素），以及投资者异质信念（投资者行为）为代表的资本市场内生性因素对股票价格泡沫的微观作用机理，通过对沪深主板市场进行实证研究，获得三点结论。

首先，通过融资融券余额比滞后一阶系数对股价泡沫的时变影响可以看出，上海主板市场融资融券非对称交易导致该卖空机制具有显著的杠杆交易特征，而深圳市场融资融券非对称交易产生的杠杆交易特征，仅在部分区制状态得以体现，整体不够显著。换手率滞后一阶系数对股价泡沫的持续负向影响表明，沪深主板投资者情绪均通过股价得到了一定程度的表达，说明沪深主板市场的融资融券机制有效地缓释了股票市场的卖空约束。因此，本章得出融资融券交易机制对股票价格的影响存在杠杆交易，以及缓释卖空约束两方面特征的结论，其中杠杆特征会加深股票的错误定价水平而卖空约束特征则有助于纠正股票的错误定价。

其次，区制分析的结果显示，上海主板市场融资融券非对称交易所致的杠杆交易特征对股价泡沫的正向影响显著大于融资融券产生的缓释卖空约束的影响，因此融资融券非对称交易对上海主板股价产生了"助涨杀跌"作用。但在股价泡沫活跃期间，由融资融券非对称交易与投资者异质信念的正向反馈，在一定程度上缓冲了股价的剧烈波动。由于深圳主板市场融资买入规模相对较小，且其投资者情绪更为有效的表达，导致其融资融券非对称交易未体现较强"助涨杀跌"的杠杆交易特征，并且其融资融券非对称交易与投资者异质信念的正向反馈对股价波动的缓冲作用较强，更为有效地纠正股票的错误定价。

最后，在区制分析中沪深主板市场的投资者异质信念在股价泡沫快速破灭前，均对融资融券产生正向影响，该正向影响表明投资者通过融资融券表达其情绪变动的意愿较为强烈，因此该正向影响的出现可以作为股价泡沫破裂，股价暴跌的预警信号。

基于 RTV-VAR 模型的时变量化结果，支持了融资融券制度同时具有杠杆交易特征和卖空交易特征，且对于不同股票市场的两个特征体现了较强差异性影响。该研究结论有利于理解融资融券政策与股票错误定价间的影响机制，对卖空政策制定以及投资者规避风险具有一定的实践价值和参考意义。

6 中国股票市场行业间资产价格泡沫传染效应研究

多次重大金融危机、经济危机的历史证据表明，决定资产价格泡沫危害性的核心因素包括三点：

首先，当资产价格泡沫的产生伴随着强劲的信贷繁荣，那么泡沫破灭则会引发重大危害（Allen and Gale, 2000; Gadi, 2014; Jordà et al., 2015）。如被认为史上最著名的泡沫事件20世纪80年代后期至90年代初期日本的泡沫经济。在极其宽松的信贷政策刺激下，日本股价、地价、经济活动与货币供给经历了同步的剧烈上涨。以股票市场为例，日经225指数在1989年底达到38 915日元的高峰，为1895年9月"广场协议"时期的3.1倍。此次泡沫经济破灭后，日本的资产价格经历断崖式下跌，不良资产的数量巨幅上升，金融机构面临严重经营困难，日本经济陷入了绵长的衰退期。

其次，在泡沫发展过程中受到金融机构的广泛干扰会增大泡沫的危害性（Brunnermeier and Oehmke, 2013），如2007年美国次贷危机的发生是由金融业变相发放次级贷款所致，此次危机不仅恶化了美国本土经济，并且席卷了欧盟、日本等世界范围内的主要金融市场。

最后，在单一市场出现资产价格泡沫时，该泡沫是否产生了强烈的传染效应与溢出影响，进而引发金融市场共振（Greenaway and Phillips, 2016; Deng et al., 2017; Hu and Oxley, 2018）。这一特征在日本泡沫经济以及美国次贷危机期间均有体现。如日本泡沫经济期间，艺术品、古董、高尔夫球场会员资格、土地、房地产、股票均达到了历史最高价格，且股票泡沫和房地产泡沫的传染效应相互加强，进一步恶化了泡沫膨胀与破灭风险。

上述三个方面因素中，第一个因素已在第4章展开过讨论，相比之下目前对资产价格泡沫的传染效应则知之甚少，并且关于传染效应的研究多围绕资产收益、金融风险以及资产价格波动展开，鲜有研究围绕资产价格泡沫展开。产生这一现象的主要原因有三点，一是在资产价格泡沫度量方面尚未形成较为一致的度量方法；二是数据的可获得性较差，以中国房地产市场为例，想获得频度较高的房价数据具有较大难度；三是在传染效应度量方面应对大规模的高维计算，目前存在一定难度，多数研究依然围绕两变量、三变量展开。

因此，为进一步补充关于资产价格泡沫传染效应方面的研究，本章旨在以中国股票市场为研究对象，对其行业间的资产价格泡沫传染效应展开研究。当前，正值贸易摩擦以及科技摩擦深度纠缠阶段，源源不断的外生冲击使得以医药卫生、科技信息为代表的股票行业发生频繁波动。此时，对股票行业间资产价格泡沫的传染效应进行研究，有助于进一步明晰行业间的泡沫风险敞口，以及行业间的泡沫风险传染效应，有利于为中国以金融风险防范为目标的政策实施提供有力的实证支撑。本章安排如下，6.1 节介绍了本章构建传染效应的计量模型，即时变 DY 连通性指数；6.2 节介绍了中国股票市场行业间资产价格泡沫的测度结果；6.3 节为行业间资产价格泡沫传染效应的实证分析；6.4 节为本章小结。

6.1　时变动态连通性指数构建

为探讨不同行业间资产价格泡沫传染效应，本节进一步采用基于带有时变波动率的时变参数向量自回归模型（time varying parameter - stochastic volatility-vector auto regression，TVP-SV-VAR），构建动态连通性指数描述行业间资产价格泡沫的传染效应。区别于采用滚动窗口进行时变动态连通性构建，对于窗口的过度依赖以及缺乏可靠的窗口选择办法，本节基于 TVP-SV-VAR 进行动态连通性指数构建，有效地规避了非时变波动率引致的条件异方差影响，使得各时点的估计结果更具可比性，因此更适用于动态连通性指数构建，进而精准捕捉时变的连通效应。此外，区别于基于传统 Cholesky 分解的溢出指数构建，本节参考迪博尔德和耶尔马兹（Diebold and Yilmaz, 2012, 2014）基于广义预测方差分解的溢出指数构建，使得所构建的连通性指数不受变量排序的影响。

6.1.1　时变向量自回归模型

TVP-SV-VAR 模型由普里米切里（Primiceri, 2005）提出，该计量模型的形式如下：

$$Y_t = B_{0,t} + B_{1,t}Y_{t-1} + B_{2,t}Y_{t-2} + \cdots + B_{k,t}Y_{t-k} + \mu_t \tag{6.1}$$

其中，Y_t 为由已观测到的内生变量组成的 $n \times 1$ 维向量，本节将其设定为七个中国股市行业资产价格泡沫指标，$B_{0,t}$ 为时变的 $n \times 1$ 维截距向量；$B_{i,t}$，$i=1,\cdots,k$ 为 $n \times n$ 维时变系数矩阵；μ_t 为不可观测的具有异方差性质的随机误差冲击，其服从均值为 0，方差为 Ω_t 的高斯白噪声序列。在上述设定下，引入随机误差冲击 ε_t，满足 $E\{\varepsilon_t\varepsilon_t^T\} = I_n$，$E\{\varepsilon_t\varepsilon_{t-k}^T\} = 0$，且假定存在线性变换 $C_t\Omega_tC_t^T = \Sigma_t\Sigma_t^T$，其中 C_t 为对角线元素为 1 的下三角矩阵，Σ_t 为对角矩阵。令 $\theta_t = (B_{0,t}, B_{1t}, \cdots, B_{kt})$，且 $B_t = \text{vec}(\theta_t^T)$，其中 $\text{vec}(\cdot)$ 为将矩阵转化为列矩阵的运算符。假设：

$$X_t^T = I_n \otimes [(1, Y_{t-1}^T, \cdots, Y_{t-k}^T)]$$

符号 $\otimes$ 表示克罗内克积。由此可得简约形式：

$$Y_t = X_t^T B_t + C_t^{-1}\Sigma_t\varepsilon_t \tag{6.2}$$

另外，假设 α_t 表示由 C_t 非对角元素按照行堆叠而成的向量，σ_t 是由误对角矩阵 Σ_t 中对角元素组合的向量，此时模型（6.2）中的时变参数可以进行如下自回归设定：

$$B_t = B_{t-1} + \omega_t, \quad \alpha_t = \alpha_{t-1} + \nu_{i,t}, \quad \log\sigma_t = \log\sigma_{t-1} + \zeta_t \tag{6.3}$$

其中，B_t 与 α_t 以及变量 σ_t 均设定为随机游走过程，且其随机误差项方差服从方差协方差矩阵 V：

$$V = \text{Var}\left(\begin{bmatrix}\varepsilon_t\\\omega_t\\\nu_t\\\zeta_t\end{bmatrix}\right) = \begin{bmatrix}I_n & 0 & 0 & 0\\0 & W & 0 & 0\\0 & 0 & V & 0\\0 & 0 & 0 & Z\end{bmatrix}$$

针对上述高维的状态空间模型形式，可以借助贝叶斯－蒙特卡洛模拟方法实现参数估计。具体的抽样算法参考 TVP-SV-VAR 模型的修正算法更新抽样过程（Negro and Primiceri，2015），MCMC 抽样算法在一定程度上克服了估计过程中由于参数过多导致的估计精度下降等问题。

6.1.2 时变动态 DY 连通性指数构建

根据郑挺国与刘堂勇（2018）以及迪堡和尤玛兹（Diebold and Yilmaz，2014）的研究，进一步构建行业间资产价格泡沫的时变广义方差分解矩阵，进而合成多种动态连通性指数，具体过程有三步：

第一步，将 TVP-SV-VAR 模型的后验估计系数向量 $\hat{B}_t$ 重新排列得到系数矩阵 $\hat{B}_{0,t}, \hat{B}_{1,t}, \cdots, \hat{B}_{k,t}$，利用递推关系式可得 TVP-SV-VMA（∞）模型的预测期为 h 的系数矩阵 $A_{h,t}$，

$$A_{h,t} = \hat{B}_{1,t}A_{h-1,t} + \hat{B}_{2,t}A_{h-2,t} + \cdots + \hat{B}_{k,t}A_{h-k,t} \tag{6.4}$$

第二步，将 TVP-SV-VAR 模型的后验估计系数向量 $\hat{\alpha}_t$ 重新排列成下三角矩阵 $\hat{C}_t$。并将向量 $\hat{\sigma}_t$ 重新排列得到 $\hat{\Sigma}_t$，并根据 $\hat{C}_t\hat{\Omega}_t\hat{C}_t^T = \hat{\Sigma}_t\hat{\Sigma}_t^T$ 得到扰动项 μ_t 的条件协方差矩阵估计值 $\hat{\Omega}_t$，其中，$\hat{\sigma}_{ij,t}$ 为条件协方差矩阵 $\hat{\Omega}_t$ 中的 i 行 j 列元素。

第三步，基于广义脉冲函数可得到 $N \times N$ 维向前预测 H 步的广义方差分解矩阵 $\Theta_t(H)$，矩阵中的每个元素可由公式（6.5）计算得到。

$$\theta_{ij,t}(H) = \frac{\hat{\sigma}^{-1}_{jj,t}\sum_{h=0}^{H-1}(e'_i\hat{A}_{h,t}\hat{\Omega}_t e_j)^2}{\sum_{h=0}^{H-1}(e'_i\hat{A}_{h,t})\hat{\Omega}\hat{A}'_{h,t}e_i)} \tag{6.5}$$

广义方差分解中的元素可以有效地度量某一变量受外部冲击时，该变量的 H 步向前预测的误差方差中由另一变量所解释的比例，反映一个变量受其他变量的影响程度。其中，$\theta_{ij,t}(H)$ 为 $\Theta_t(H)$ 中第 i 行 j 列的元素，表示第 i 个变量的 H 步向前预测方差中来自第 j 个变量的影响比例；$\hat{\sigma}_{jj,t}$ 为矩阵 $\hat{\Omega}_t$ 中的第 j 个对角元素，表示第 j 个扰动项的方差；e_i 和 e_j 分别表示单位矩阵中第 i 个列向量和第 j 个列向量，起到选择向量的作用。

直接根据式（6.5）计算得到的广义方差分解矩阵 $\Theta_t(H)$ 往往不满足行和等于1。因此，为了与传统方差分解的经济含义相符，一般将 $\Theta_t(H)$ 再进行行标准化，从而得到变换后的广义方差分解矩阵 $\widetilde{\Theta}_t(H)$，$\widetilde{\Theta}_t(H)$ 矩阵中每个元素为：

$$\tilde{\theta}_{ij,t}(H) = \frac{\theta_{ij,t}(H)}{\sum_{j=1}^{N}\theta_{ij,t}(H)} \tag{6.6}$$

根据时变广义方差分解矩阵 $\Theta_t(H)$ 以及变换后的时变广义方差，分解矩阵 $\widetilde{\Theta}_t(H)$ 中的元素可得到如下动态连通性指数。

（1）总体动态连通性指数。该指数用以度量所有行业资产价格泡沫的关联程度。该指数数值越大，表明所度量的行业间资产价格泡沫相互作用程度越大，传染性越强。其构造思路为，将广义方差矩阵 $\widetilde{\Theta}_t(H)$ 中的所有非对角元素求和，并进行平均处理，如式（6.7）所示。

$$TOTAL(H) = \frac{\sum_{i,j=1, i \neq j}^{N} \tilde{\theta}_{ij,t}(H)}{N} \tag{6.7}$$

(2) 总的带有方向的动态连通性指数。该类指数反映某个行业与其他所有行业的整体连通关系。其中，溢入动态连通性指数是将 $\widetilde{\Theta}_t(H)$ 矩阵中第 i 行中非对角元素进行求和，用以表示行业 i 受到其他所有行业的总溢出作用，记作 $FROM_{i,t}(H)$；溢出动态连通性指数是将 $\widetilde{\Theta}_t(H)$ 矩阵中第 i 列中非对角元素进行求和，表示行业 i 对其他所有行业的总信息溢出作用，记为 $TO_{i,t}(H)$；溢出指数减去溢入指数得到的净溢出动态连通性指数记为 $NET_{i,t}(H)$，表示行业 i 对其他所有行业的净溢出作用。

$$FROM_{i,t}(H) = \sum_{j=1, j \neq i}^{N} \tilde{\theta}_{ij,t}(H) \tag{6.8}$$

$$TO_{i,t}(H) = \sum_{i=1, i \neq j}^{N} \tilde{\theta}_{ij,t}(H) \tag{6.9}$$

$$NET_{i,t}(H) = \sum_{i=1, j \neq i}^{N} \tilde{\theta}_{ij,t}(H) - \sum_{j=1, j \neq i}^{N} \tilde{\theta}_{ij,t}(H) \tag{6.10}$$

相比于总体动态连通性指数，三类带有方向性的动态连通性指数，有助于进一步理解不同行业间信息传递方向以及传递强度，为考察不同行业间的溢出影响与溢入影响的非对称性、不确定性以及影响程度提供可能。此外，$NET_{i,t}(H)$ 指数还可以重点考察单个行业资产价格泡沫的整体净溢出影响，可以用于甄别信息传染的中心来源。

(3) 两两行业间净溢出动态连通性指数。该指数反映某个行业对另一行业的净溢出影响，为使数据更具可减性，直接使用变换前的广义方差分解矩阵 $\Theta_t(H)$ 进行测算。该指数记为 $PNET_{ij,t}(H)$，表示行业 i 对行业 j 的净溢出影响。

$$PNET_{ij,t}(H) = \theta_{ji,t}(H) - \theta_{ij,t}(H) \tag{6.11}$$

该类连通性指数能更为细致地给出两两行业间的资产价格泡沫的溢出影响方向以及影响程度，进而识别出两个行业在资产价格泡沫传导过程中的信息先导、滞后关系，为深入理解行业间的泡沫溢出网络机制，从而为泡沫精确治理提供较为详实的实证基础。

6.2 中国股票市场分行业资产价格泡沫测度

6.2.1 数据选取

本节选取时间区间为 2011 年 5 月 7 日至 2020 年 7 月 25 日，以中证一级行业指数动态滚动市盈率作为股票的估值指标，数据来源于 Wind 数据库。各行业指数动态滚动市盈率的行业简称和统计结果如表 6-1 所示，结合变量均值以及分位数统计结果可知，金融地产、公共事业为低估值类行业；能源、工业、主要消费为中等估值类行业；医药卫生、信息技术为高估值类行业。

表 6-1 描述性统计结果

变量名	变量符号	均值	标准差	10%分位数	90%分位数
能源	Energy	18.88	9.41	11.27	33.19
工业	Industry	23.36	7.47	16.60	32.06
主要消费	Maincon	28.46	5.62	19.87	34.90
医药卫生	Medi&Heal	37.77	8.19	28.08	46.74
金融地产	Fina&Esta	8.98	1.41	6.75	10.68
信息技术	Info&Tech	47.99	15.28	32.21	65.23
公共事业	Utilities	18.31	3.94	12.30	23.16

注：表中数据为作者计算所得。

6.2.2 分行业资产价格泡沫测度：基于趋势匹配方法

将上述市盈率指标作为资产价格变量进入 PSY 检验程序中，用以识别中国股票市场分行业资产价格泡沫，已识别的泡沫周期如表 6-2 所示。

从泡沫周期角度，同属于低估值行业的金融地产与公共事业行业经历泡沫周期较多，其中公共事业行业经历的泡沫周期最多，共经历五次泡沫积聚与破灭过程，仅 2014 年就发生三次泡沫事件。金融地产行业共经历四次泡沫周期；能源、工业、主要消费、医药卫生在样本期内均经历三次泡沫周期；信息技术经历两次泡沫周期。结合泡沫周期的初始时间可以发现，以金融地产、能源代表的低估值行业的股价泡沫韧性不足，因此对市场冲击反应较为灵敏，并且呈现多周期状态，且泡沫周期较为领先，该类行业可以作为股票价格泡沫危机的预警行业。而以医药卫生、信息技术等为代表的高估值行业则对流动性冲击反应较为滞后，其股价泡沫具有较强韧性，对市场冲击反应灵敏性较差。

表 6-2　中国股票市场分行业资产价格泡沫周期测度

变量	周期 1	周期 2	周期 3	周期 4	周期 5
能源	2014 年 12 月 6 日 2014 年 12 月 6 日	2015 年 1 月 10 日 2015 年 1 月 24 日	2015 年 4 月 18 日 2015 年 6 月 20 日	—	—
工业	2014 年 12 月 13 日 2014 年 12 月 27 日	2015 年 1 月 10 日 2015 年 1 月 24 日	2015 年 2 月 28 日 2015 年 6 月 20 日	—	—
主要消费	2014 年 9 月 27 日 2014 年 10 月 4 日	2015 年 3 月 21 日 2015 年 6 月 27 日	2017 年 10 月 28 日 2017 年 10 月 28 日	—	—
医药卫生	2015 年 3 月 28 日 2015 年 5 月 2 日	2015 年 5 月 16 日 2015 年 6 月 13 日	2020 年 6 月 13 日 2020 年 7 月 25 日	—	—
金融地产	2014 年 12 月 6 日 2014 年 12 月 6 日	2014 年 12 月 20 日 2015 年 1 月 24 日	2015 年 3 月 21 日 2015 年 5 月 2 日	2015 年 6 月 13 日 2015 年 6 月 13 日	—
信息技术	2015 年 3 月 14 日 2015 年 6 月 20 日	2020 年 2 月 22 日 2020 年 2 月 22 日	—	—	—
公共事业	2014 年 10 月 4 日 2014 年 10 月 11 日	2014 年 11 月 1 日 2014 年 11 月 1 日	2014 年 11 月 29 日 2015 年 1 月 31 日	2015 年 3 月 21 日 2015 年 5 月 2 日	2015 年 5 月 23 日 2015 年 6 月 27 日

注：数据来源于 GSADF 模型测算所得。

PSY 检验程序中产生的中间变量 BSADF 序列，通常不具备不同序列之间进行对比分析的条件。为了结合泡沫识别结果，本节参考布伦纳梅尔等（Brunnermeier et al., 2020），在一个连续的泡沫区间内确定市盈率变量峰值的做法，将泡沫初始期到峰值确定为泡沫的繁荣期，将峰值至泡沫结束确定为泡沫破裂期。在非破灭期泡沫规模为当期的市盈率，在破灭期泡沫规模为当期市盈率的负值。由此我们可以构建一个资产价格泡沫的规模序列，并基于该序列进行泡沫传染性实证分析。

6.3 行业间资产价格泡沫连通性实证分析

根据贝叶斯信息准则（BIC），将回归模型滞后阶设为 1，并设置 MCMC 预烧期为 10 000 次，迭代期为 50 000 次；广义方差分解的向前预测期数分别为 $H=3, 6, 9$。具体的先验设定参考普里米切里（Primiceri, 2005）的研究。由于本节测度泡沫基于日频度数据，而时变向量自回归模型应用于高频数据中可能会出现偏误，因此本节将上述日度泡沫规模序列通过取期末值进行周数据变频。

6.3.1 总体动态连通性指数

如图 6-1 所示，首先，所选行业的资产价格泡沫指标之间的 $TOTAL(H)$ 指数是随时间的变化而变化的，且其变化趋势存在一定的周期性特征，行业间的泡沫联动具有较大的波动性。其次，行业泡沫指标间的 $TOTAL(H)$ 均处于 20%～90%，高度的总体连通性表明行业间的泡沫变动存在较大程度传染效应。最后，$TOTAL(H)$ 指标捕捉到样本期间内发生的多次较为严重的股价泡沫传染事件，也在一定程度上说明本节所测度的时变动态连通指数较为准确地捕捉到市场整体资产价格泡沫的信息传递。

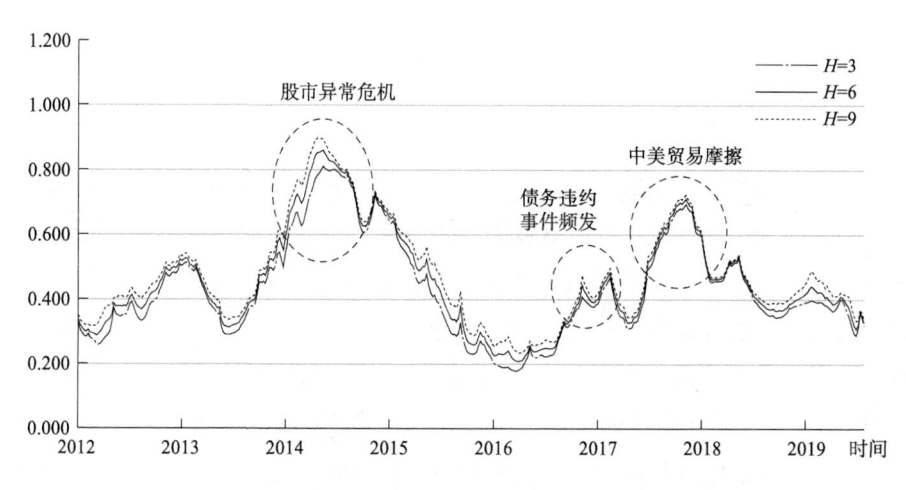

图 6-1 中国股票市场行业资产价格泡沫总体动态连通性

6.3.1.1　2015 年中国股市异常波动

2014 年下半年，在宽松的货币政策以及宽松监管政策刺激下，受"场外配资"以及杠杆交易等因素的影响，中国股市经历了大规模的普遍上涨。仅 2014 年 6 月至 2015 年 6 月，上证综指上涨幅度高达 150%。而后，随着严监管时代的到来，以及强监管所带来的股市降温信号，投资者的预期不断下调，导致 A 股市场一度出现"千股跌停"的局面。行业间资产价格泡沫的 $TOTAL$ (H) 指数精准捕捉到了这次重要的股市泡沫传染事件，2015 年 3—9 月，总体动态连通性指数均大于 70%，并在 2015 年 5 月达到最大峰值 89.68%（预测期 $H=9$）。此次股市异常波动虽未引发全局性的金融危机，但在股价泡沫崩盘后，中国股市仍经历了较长的严冬期。

6.3.1.2　2017 年下半年至 2018 年上半年债务违约事件频发

在 2017 年 10 月至 2018 年 3 月，行业间资产价格泡沫的 $TOTAL$ (H) 指数普遍高于 40%，且在 2018 年 2 月 10 日达到最大峰值 48.21%。此次股票市场行业间泡沫风险连通性的上升主要源自金融监管趋严的情况下，债券市场违约与影子银行频繁"暴雷"。2017 年至 2018 年是中国债务违约的高发年，2017 年更被金融业喻为"史上最严"的监管年。在供给侧结构性改革以及金融去杠杆的浪潮下，大量企业的流动性不断趋紧甚至难以为继，收紧的流动性引发了大规模的债务违约，以及以 P2P 互联网金融公司为代表的影子银行公司的"暴雷"事件。伴随着金融去产能的不断推进，2018 年上半年金融市场问题全面爆发。由此，此次政策冲击导致股票市场行业间资产价格泡沫的整体联通性小幅上升。

6.3.1.3　2018 年中美贸易摩擦

总体动态连通性指数还捕捉到 2018 年 6 月至 12 月的小规模泡沫传染事件，在此区间内 $TOTAL$ (H) 指数均高于 50%，且最大峰值达到 72.30%。此次泡沫事件源自中美贸易摩擦的负面冲击。2018 年 3 月以来，美国对从中国进口的农产品加征关税，拉开了此次贸易摩擦的序幕；2018 年 7 月以来，伴随着中美贸易摩擦的不断升级，美方对华加征关税的规模不断扩大，对整个"中概股"市场造成强烈的负向冲击，并导致小规模的泡沫膨胀与破灭事件。由于这一阶段并未发生多行业的资产价格泡沫破灭，仅个别行业出现资产价格大幅下跌，如 2018 年 6 月通信业行业的泡沫破灭，以及 2018 年 10 月主要消费行业的泡沫破灭，这一阶段行业间的总体连通性弱于 2015 年股市异常波动期间。

6.3.2 总的带有方向的动态连通性指数

图6-2至图6-4分别给出了股市行业间资产价格泡沫总的带有方向的动态连通性指数。总体看，各行业三类带有方向的总体动态连通性指数，均具有典型的时变特征。且同类型指数不同行业间的时变特征也具有较大差异。由于带有方向的连通性指数不同预测期的走势差异较小，因此本部分仅以预测期为 $H=6$ 期为例展开分析，并重点分析净连通性指数。相比于上述两类带有方向性的动态连通性指数，图6-4所示的各行业资产价格泡沫的 $NET_{i,t}(H)$ 指数，能更清晰地刻画不同行业总体泡沫溢入效应，泡沫溢出效应在影响方向以及影响程度方面的非对称性，并据此甄别出在资产价格泡沫传导机制中的核心行业。其中 $NET_{i,t}(H)$ 指数正向净溢出规模越大说明该行业产生的泡沫传染效应越大；反之，其负向净溢出规模越大则该行业受泡沫传染影响程度越大。

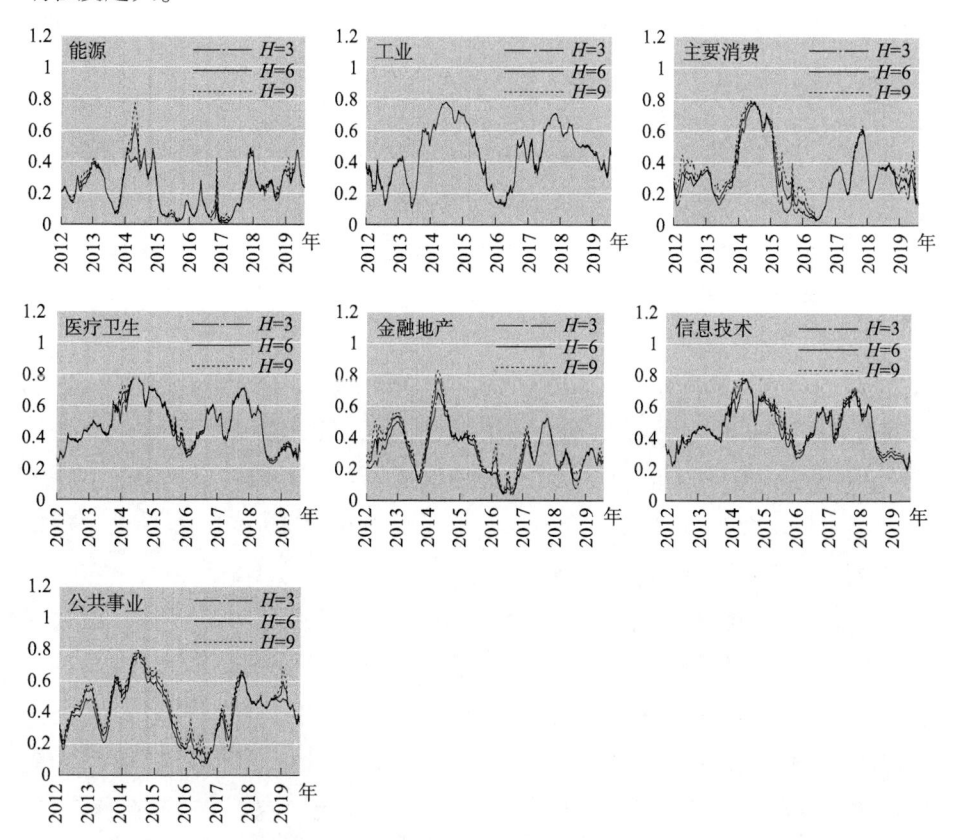

图6-2 中国股票市场行业资产价格泡沫总体泡沫溢入动态连通性指数

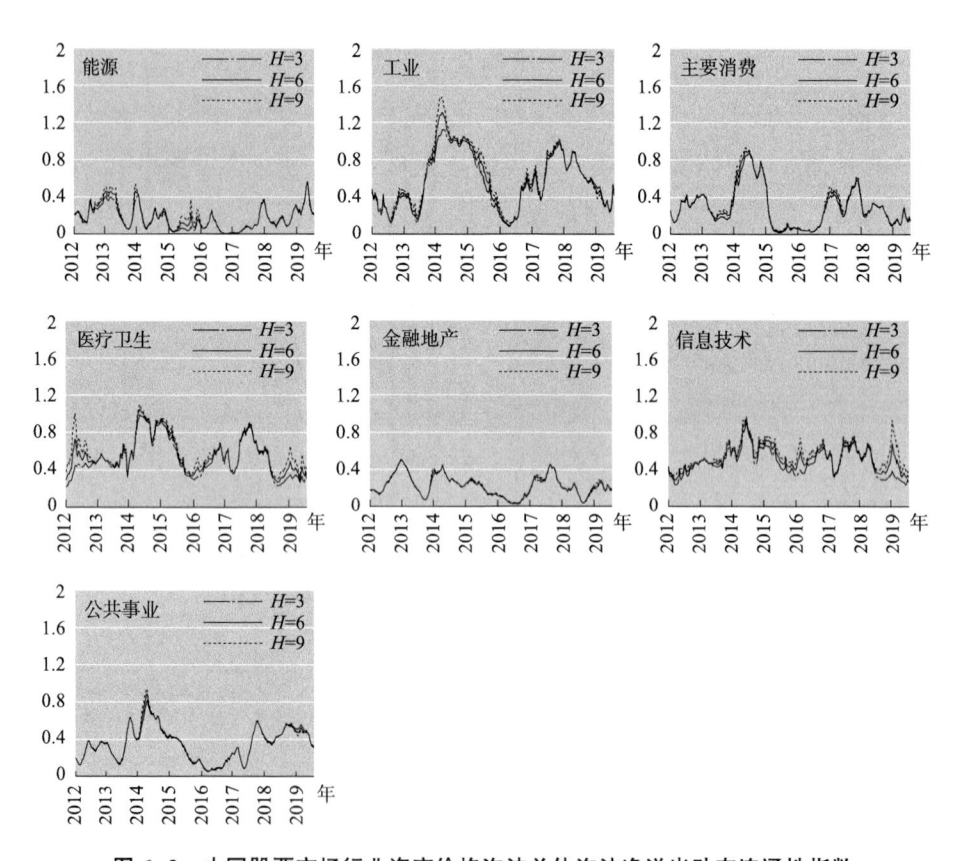

图 6-3 中国股票市场行业资产价格泡沫总体泡沫净溢出动态连通性指数

从泡沫净溢出的方向看，工业、医药卫生、信息技术行业资产价格泡沫的 $NET_{i,t}(H)$ 指数在样本区间普遍为正值。结合 $FROM_{i,t}(H)$ 与 $TO_{i,t}(H)$ 指数的测度结果可以发现，工业、医药卫生以及信息技术三个行业所产生的泡沫溢出效应、溢入效应与净溢出效应在影响规模、影响时段上均处于领先位置，因此三个行业最具泡沫传染性，在资产价格泡沫传导过程中处于信息先导地位。

工业行业净溢出影响规模最大，影响范围最广，其 $NET_{i,t}(H)$ 指数在 2014 年 9 月至 2016 年 10 月、2018 年 2 月至 2019 年 7 月普遍高于 15%。并且在行业自身处于泡沫区间时净溢出规模最大，2015 年 2 月 21 日达到最大值 66.77%。此外在债券违约以及中美贸易摩擦阶段，溢出峰值分别为 17.33%（对应时点为 2018 年 2 月 24 日）和 29.08%（对应时点为 2018 年 11 月 10 日），因此在三次主要的泡沫事件中，工业行业为最主要的泡沫风险净输出

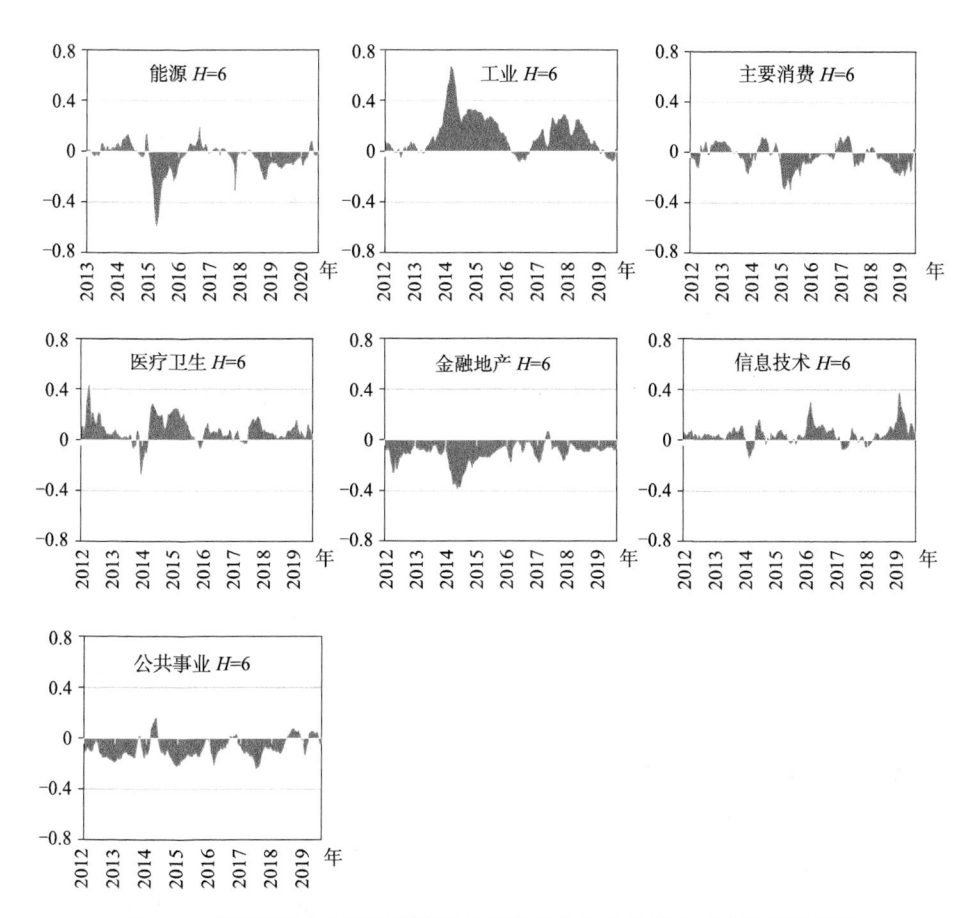

图 6-4　中国股票市场行业资产价格泡沫总体泡沫净溢出动态连通性指数

者。结合中国工业行业的发展轨迹可以发现，工业行业突出的泡沫传染性源于与其他行业的高度关联性及其自身所具备的较高泡沫风险。

在中国主板上市公司中，从属于工业行业的上市公司1 000余家，约占全部上市公司的1/4，所包含的二级行业如交通运输、商业服务与用品、资本品行业均为生产生活的重要组成部分。庞杂的企业构成以及与其他行业的高度相关性，导致工业行业在泡沫传染中处于核心的信息先导地位。此外，伴随着中国经济的高速发展，工业行业发展过程中出现了严重的产业结构失衡问题，传统工业行业高度的产能过剩导致其行业整体估值虚高，出现了较高的泡沫风险，较高的泡沫规模为其泡沫传染性提供较强动力。2016年供给侧结构性改革以来，伴随着工业行业产业结构不断得到优化，以及产能过剩企业的产业结构调整压力不断下降，其泡沫溢出效应也相应减弱。

医药卫生行业的 $NET_{i,t}(H)$ 指数的整体规模仅次于工业行业，是泡沫传导机制中的次要净输出行业。纵观医药行业的 $NET_{i,t}(H)$ 指数的整体走势，共出现四次周期过程，分别为2013年3月至8月、2015年4月至2016年2月、2018年8月至11月以及2020年初至今，四个阶段的 $NET_{i,t}(H)$ 指数普遍高于15%。近年来，在人口结构调整、医药改革以及科学技术进步等因素的共同驱动下，加之精准医疗、互联网医疗等对医疗行业发展产生重大利好的政策实施为医疗产业不断赋能，医药卫生行业得到了长足发展。仅2008年至2018年，医疗卫生行业的投融资额从23亿元增长至826亿元，目前主板市场中从属于医药卫生行业的上市公司355家，包括生物科技、医药器械、医药用品、服务提供商与制药等三级行业。医疗行业的繁荣发展也带来了泡沫，由此可见医药卫生行业的泡沫传染效应主要源自其自身泡沫风险的囤积。

信息技术行业在泡沫传染性方面弱于上述两个行业，其净溢出效应共存在三个周期过程，分别为2015年6月、2017年1月至3月以及2020年1月至4月，其间的 $NET_{i,t}(H)$ 指数普遍高于15%。结合三个阶段的 $NET_{i,t}(H)$ 指数峰值可以发现，在2015年股市异常波动期间产生的净溢出效应较小，而在2020年1月至4月以来净溢出效应规模最大，该变化走势与中国信息技术行业的发展过程具有紧密相关性。信息技术行业，作为中国发展最快的新兴行业，目前共有631家上市企业，其上市公司数量仅低于工业行业，主要包含半导体、计算机及电子设备、计算机运用三个二级行业。在诸如能源、原材料以及工业行业等传统行业在宏观经济调控以及经济结构转型中面临的长期增长压力，信息技术行业承担着中国经济高质量发展的关键角色，因此信息技术行业的泡沫传染性较大源于自身的泡沫膨胀。

相比于上述三个行业，能源、主要消费、金融地产以及公共事业行业的 $NET_{i,t}(H)$ 则普遍为负值，均为资产价格泡沫净输入行业。值得注意的是，能源行业与金融地产行业 $FROM_{i,t}(H)$ 指数与 $TO_{i,t}(H)$ 指数的总体规模均显著低于其他行业，但其 $NET_{i,t}(H)$ 指数在多次泡沫事件中均到达较大的负值，面对泡沫冲击其反应最为强烈，为泡沫风险传染的最主要承担行业。

能源行业的 $NET_{i,t}(H)$ 指数有三个典型的负向净溢出周期，分别为2015年2月至10月、2018年9月至12月、2019年3月至6月，其间，$NET_{i,t}(H)$ 指数普遍处于-10%~-15%，并且在2015年4月18日能源行业达到最大负向峰值-58.94%。能源行业主要包含煤炭、能源开采设备与服务以及石油与天然气等三级行业，其上市公司数量为81家。能源行业中的上市公司多为诸如中石化、中石油等规模体量较大的公司。由于其行业构成的单一性以及处于上游行业位置，导致其面对泡沫冲击具有一定脆弱性，加之其本身不易产生大规模的资产价格泡沫，因此无法产生正向泡沫传染效应，反而成为泡沫风险的接受行业。

金融地产行业，在2015年5月9日达到最大负向峰值-38.41%，为2015年泡沫事件中的泡沫净溢出效应的主要承担者。金融地产行业面对泡沫冲击的脆弱性，主要由于其行业本身不易囤积泡沫以及外生的政策监管所致。金融地产行业主要包含保险、银行、证券以及房地产等二级行业，已上市公司260家。由于其特殊的行业地位以及强管制特征，导致其面临金融风险冲击时反应最为快速和强烈。尤其在2015年股市异常波动期间该现象最为显著，2015年伴随着金融市场去杠杆、"8·11汇改"政策的实施，中国金融行业受到了前所未有的负向冲击，加之2018年以来的中美贸易摩擦，以及房地产市场管制政策的陆续实施，使得金融地产行业始终处于负向净溢出影响之中。

主要消费行业的$NET_{i,t}(H)$指数在2016年1月至6月、2019年1月至2020年2月普遍低于-15%，在两次泡沫事件中其$NET_{i,t}(H)$指数滞后于能源与金融地产行业。而公共事业行业的$NET_{i,t}(H)$指数在2015年10月至2016年3月、2018年5月至8月普遍低于-15%，负向溢出规模相对较小。两个行业的泡沫净溢出特征源自本身不易积聚泡沫。主要消费行业主要包含家庭与个人用品、食品、饮料与烟草、食品与主要用品零售四个必要消费二级行业。公共事业行业主要包含电力电网、燃气、水务以及供热等三个三级行业。上述行业为与人民生产、生活相关性较高领域，同属于防御型行业，在市场热度过高时，投资者更倾向于配置诸如信息科技、通信业务等成长性较高的行业，因此导致其不易积聚泡沫。此外由于其行业的单一性也导致其极易受到泡沫冲击影响，如中美贸易摩擦事件中，主要消费行业作为贸易冲击的直接影响对象，行业整体受到了较大程度的泡沫溢出影响。

6.3.3 两两行业间泡沫净溢出动态连通性指数

上述带有方向性的总体连通性指数，在总体上明确了不同行业在泡沫传染过程中信息先导与滞后的关系，为进一步明晰两两行业间资产价格泡沫一对一的时变连通性关系，根据公式（6.11）可以计算得到两两行业间$PNET_{ij,t}(H)$指数。其中，在特定时点下某一行业资产价格泡沫对另一行业的正向净溢出，也表现为另一行业对该行业的负向净溢出。

本节分别给出了单一行业对其他行业 $PNET_{ij,t}(H)$ 指数,在样本区间的均值、最大值、最小值,并在此基础上对上述分行业统计特征值进行行业平均化处理,得到行业平均值、行业平均最小值以及行业平均最大值(见表6-3),以说明各行业资产价格泡沫净溢出效应在整个样本区间内的平均特征。如表6-3所示,在整个样本区间内,工业行业、医药卫生行业与信息科技行业的 $PNET_{ij,t}(H)$ 指数多为正值。其中,工业行业产生的资产价格泡沫对公共事业,以及主要消费行业形成较大平均正向净溢出影响,对应的 $PNET_{ij,t}(H)$ 指数的均值分别为5.82%,4.50%;医药卫生行业对主要消费与公共事业行业形成较大规模平均净溢出影响,对应 $PNET_{ij,t}(H)$ 指数的平均值分别为2.65%,3.24%;信息技术行业对金融地产和公共事业行业形成较大溢出影响,$PNET_{ij,t}(H)$ 指数的平均值分别为2.57%,5.35%。

表6-3 中国股票市场两两行业间泡沫净溢出动态连通性指数分行业统计特征 (%)

	能源	工业	主要消费	医药卫生	金融地产	信息技术	公共事业
平均值							
能源	0.00	0.14	2.04	0.13	-0.96	0.17	-0.35
工业	-0.14	0.00	-4.50	-2.27	-3.61	-3.04	-5.82
主要消费	-2.04	4.50	0.00	2.65	-0.92	1.42	-3.65
医药卫生	-0.13	2.27	-2.65	0.00	-1.50	-2.01	-3.24
金融地产	0.96	3.61	0.92	1.50	0.00	2.57	3.76
信息技术	-0.17	3.04	-1.42	2.01	-2.57	0.00	-5.35
公共事业	0.35	5.82	3.65	3.24	-3.76	5.35	0.00
行业平均值	-0.17	2.77	-0.28	1.04	-1.90	0.64	-2.09
最大值							
能源	0.00	30.74	23.39	20.26	18.74	12.62	19.53
工业	9.62	0.00	3.10	14.96	4.23	12.22	3.53
主要消费	6.72	29.69	0.00	14.06	7.04	16.48	8.81
医药卫生	28.27	18.27	5.47	0.00	12.69	11.28	7.70

续表

	能源	工业	主要消费	医药卫生	金融地产	信息技术	公共事业
金融地产	11.45	37.53	12.62	23.93	0.00	24.94	32.07
信息技术	13.35	37.58	7.46	14.12	2.21	0.00	12.74
公共事业	17.53	20.70	17.56	19.58	2.28	30.96	0.00
行业平均值	12.42	24.93	9.94	15.27	6.74	15.50	12.06

最小值

	能源	工业	主要消费	医药卫生	金融地产	信息技术	公共事业
能源	0.00	-9.62	-6.72	-28.27	-11.45	-13.35	-17.53
工业	-30.74	0.00	-29.69	-18.27	-37.53	-37.58	-20.70
主要消费	-23.39	-3.10	0.00	-5.47	-12.62	-7.46	-17.56
医药卫生	-20.26	-14.96	-14.06	0.00	-23.93	-14.12	-19.58
金融地产	-18.74	-4.23	-7.04	-12.69	0.00	-2.21	-2.28
信息技术	-12.62	-12.22	-16.48	-11.28	-24.94	0.00	-30.96
公共事业	-19.53	-3.53	-8.81	-7.70	-32.07	-12.74	0.00
行业平均值	-17.90	-6.81	-11.83	-11.96	-20.36	-12.50	-15.52

注：表中数值表示行中变量所对应的行业对列中变量所对应行业的净溢出连通性指数，该数值由作者计算所得。

剩余行业则主要表现为负向平均净溢出影响，其中能源行业主要对金融地产与公共事业行业形成正向平均净溢出影响；主要消费行业对能源、金融地产与公共事业形成正向平均溢出影响。此外，所有行业均对金融地产行业形成平均正向净溢出影响。且除金融地产行业外，其余所有行业均对公共事业行业形成正向平均净溢出影响。

两两行业间资产价格泡沫净溢出影响的时变特征（见图6-5）。图6-5重点给出两两行业间 $PNET_{ij,t}(H)$ 的具体走势，更为直观地给出随着时间的变化不同行业资产价格泡沫净传染效应的"集聚"与"扩散"情况。如图所示，由于行业自身泡沫规模变化所产生的投资者情绪引导作用以及与其他行业业务关联性的变动导致行业间的泡沫传染具有显著的行业轮动特征。

6-5-1 能源

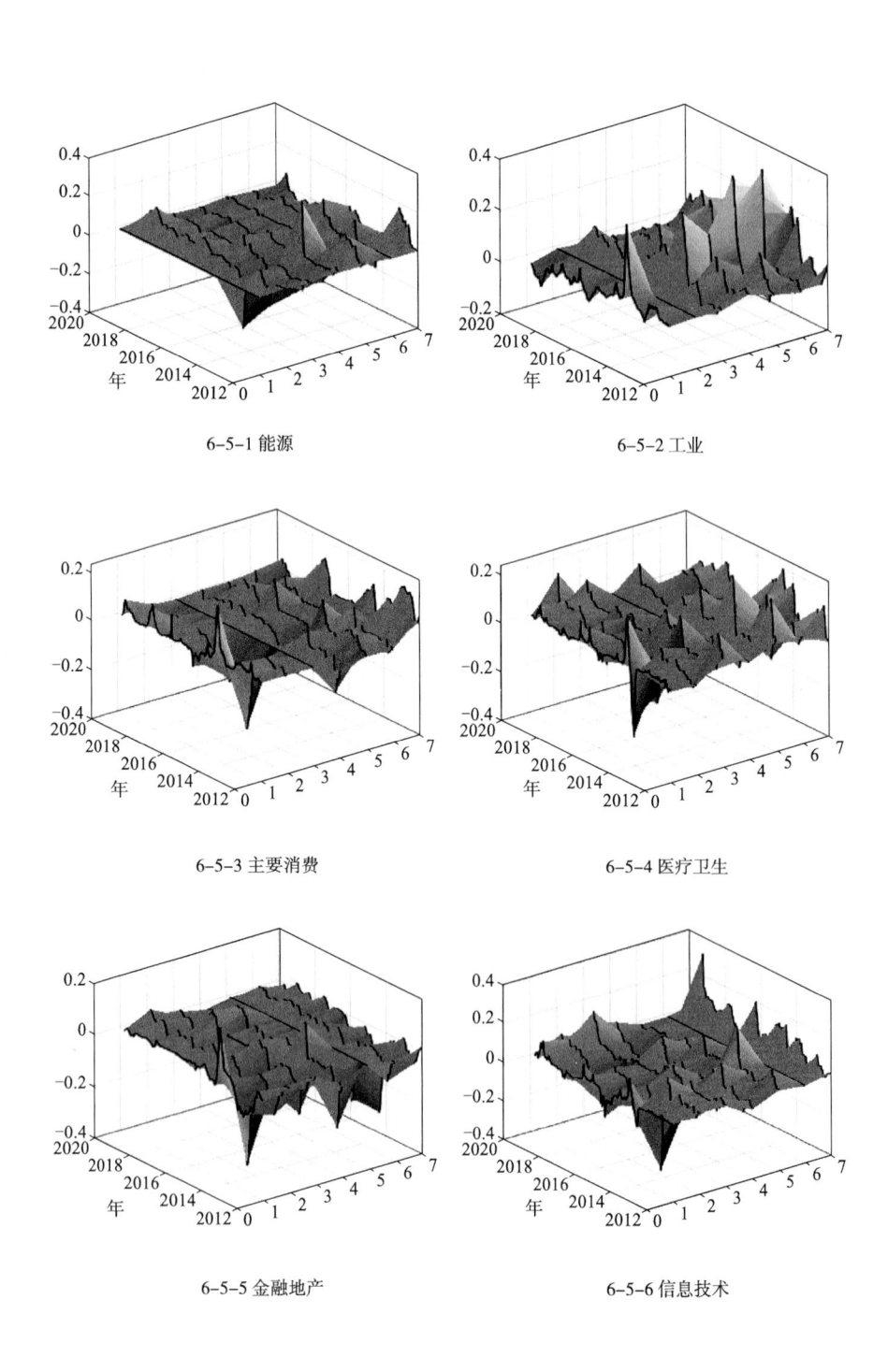

6-5-2 工业

6-5-3 主要消费

6-5-4 医疗卫生

6-5-5 金融地产

6-5-6 信息技术

6-5-7 公共事业

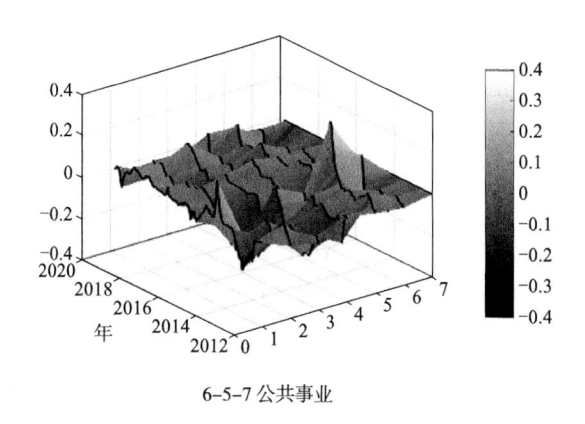

图 6-5 中国股票市场两两行业间信息净溢出动态连通性指数

注：图中，X 轴表示行业类型，其中数字 1 至 7 分别代表能源、工业、主要消费、医药卫生、金融地产、信息技术与公共事业行业；Y 轴表示时间，时间区间为 2012 年 12 月 29 日至 2020 年 7 月 25 日，数据频度为周；Z 轴表示两两行业间资产价格泡沫净信息溢出连通性指数。

6.4 本章小结

在金融风险乃至金融危机的发展过程中，资产价格泡沫的传染在进一步加剧危机方面发挥重要作用，因此在当前国际、国内金融风险频发阶段，有效度量资产价格泡沫的传染效应则显得十分必要。本章首先基于 PSY 方法对中国主板上市公司的七个一级行业资产价格泡沫周期进行识别。而后，在时变框架下，基于 TVP-SV-VAR 模型以及广义方差分解方法，构建了度量中国股票市场行业间资产价格泡沫信息传递的总体动态连通性指标，总体带有方向的连通性指标以及两两市场之间的净连通性指标，并对 2012 年 12 月至 2020 年 6 月行业间资产价格泡沫的传染性进行测算。

首先，总体动态连通性捕捉到 2012 年以来中国股市发生的三次典型的泡沫事件，分别为 2015 年股市异常波动，2017—2018 年上半年的债券市场大规模债务违约，以及 2018 年以来的中美贸易摩擦，该结果表明在金融风险爆发期间，股票泡沫的溢出效应显著加强。

其次，结合 $FROM_{i,t}(H)$，$TO_{i,t}(H)$ 以及 $NET_{i,t}(H)$ 指数的测度结果发现，工业、医药卫生以及信息技术三个行业，产生的泡沫溢出效应、溢入效应与净溢出效应，在影响规模、影响时段上均处于领先位置，因此，三个行业最具泡沫传染性，在资产价格泡沫传导过程中处于信息先导地位。而主要消费以及公共事业两个行业在资产价格泡沫溢出影响，以及溢入影响方面均弱于上述三个行业，且净溢出连通性普遍为负并在两次泡沫区间均处于中等规模水平，因此在泡沫信息传递过程中处于信息滞后位置，是泡沫传染效应的主要承担行业。值得一提的是，能源行业与金融地产行业，溢出连通性、溢入连通性指数的总体规模均显著低于其他行业，但净溢出连通性指数在两次泡沫冲击中均达到较大的负值，面对泡沫冲击反应最为强烈，为泡沫风险传染的最主要承担行业。

最后，两两行业间的净溢出动态连通性的测度结果表明，由于行业自身泡沫规模变化所产生的投资者情绪的引导作用，以及与其他行业业务关联性的变动，导致行业间的泡沫传染具有显著的行业轮动特征。其中，在2015年股市异常波动期间，工业行业最具泡沫传染性，而2020年伴随新冠疫情以及中美贸易摩擦、科技摩擦的不断升级，信息技术以及医药卫生行业的泡沫传染性显著上升。

上述结论对于中国金融风险管理以及经济金融稳定具有三点政策启示：首先，市场间的泡沫传染对于加剧金融风险危害性具有关键作用，因此在进行资产价格泡沫事前防御过程中，应根据泡沫传染机制进行重点防御，避免因全面防御而产生市场流动性紧张，进而造成资源扭曲配置；其次，在采用宏观审慎监管政策或货币政策进行金融风险管理时，应基于资产价格泡沫传染机制明晰行业风险敞口，并将其作为施行精准风险防范的关键环节。最后，在进行泡沫事后清理过程中，要谨慎防范由泡沫传染效应引发的链式反应。

7 中国货币政策对资产价格泡沫的影响效应研究

由于资产价格泡沫破裂引发的金融危机会对宏观经济产生较为严重的负面溢出影响。因此，政策当局非常关注资产价格泡沫治理问题。然而，该如何应对资产价格泡沫，目前还没有达成共识。货币政策被认为可以对资产价格产生重要影响。以伯南克为代表的实务工作者认为，由于资产价格泡沫无法精准度量，以及使用货币政策调控资产价格泡沫产生的巨大经济成本，货币政策仅对通货膨胀和产出缺口做出反应即可，资产价格泡沫可以与其结合到同一框架下而得到有效规避。但2008年金融危机的发生使得这个观点被推翻，美国在低通胀率的情况下，金融体系产生了巨大的资产价格泡沫。因此关于资产价格泡沫的"逆向操作"框架，以及是否应该将资产价格泡沫加入货币政策调控目标，再一次引起广大研究者的广泛讨论。该争议主要围绕两个问题展开：一是扩张的货币政策是否有助于推动资产价格泡沫，紧缩性货币政策是否能够抑制资产价格泡沫；二是在处置资产价格泡沫方面，是否应该过度依赖货币政策进行宏观调控。

目前，对于资产价格泡沫的预防和处理尚未形成共识，资产价格泡沫的"逆向操作"框架缺乏充足的理论依据和实证支持。多数研究结论关于扩张性货币政策会滋生资产价格泡沫的结论是统一的，但关于紧缩性货币政策是否能够抑制资产价格泡沫并未给出统一的观点和结论。鉴于此，本章基于现有研究成果，旨在通过对中国资产价格泡沫的货币政策治理效应进行研究，以期为上述讨论提供一定的实证支撑。本章的具体安排如下：7.1节基于理性资产价格泡沫框架介绍了货币政策对资产价格泡沫的影响效应理论基础；7.2节介绍实证分析中的数据选取与计量模型；7.3节和7.4节从价格型货币政策与数量型货币政策两方面，对中国股票市场资产价格泡沫，以及房地产市场资产价格泡沫的货币政策效应展开实证分析；7.5节为本章小结。

区别于现有研究，本书的创新之处在于，首先，以往的国内研究中关于货币政策多以分析货币政策对传统政策目标的影响效应为主,由于中国尚未发生大规模的资产价格泡沫破灭事件,因此,关于资产价格泡沫的货币政策效应的讨论相对较少,本章做了补充。其次,由于中国尚未完全实现利率市场化,因此,本章考察了资产价格泡沫的价格型货币政策效应与数量型货币政策效应。通过对二者研究结果的对比分析,可以为中国资产价格泡沫的货币政策治理提供更为细致的政策建议。

7.1 货币政策对资产价格泡沫的影响效应理论基础

由资产价格 P_t、收益 R_t 与股息 D_t 之间的关系可以得到公式(7.1)、公式(7.2):

$$1 = (1+R_{t+1})^{-1}(1+R_{t+1}) = (1+R_{t+1})^{-1}\frac{P_{t+1}+D_{t+1}}{P_t} \quad (7.1)$$

$$\frac{P_t}{D_t} = (1+R_{t+1})^{-1}(1+\frac{P_{t+1}}{D_t})\frac{D_{t+1}}{D_t} \quad (7.2)$$

科克伦(Ochrane,2005)证明了公式(7.3):

$$\frac{P_t}{D_t} = E_t\sum_{j=1}^{\infty}\prod_{k=1}^{\infty}(1+R_{t+k})^{-1}\Delta D_{t+j} + \lim_{j\to\infty}E_t(\prod_{k=1}^{\infty}(1+R_{t+k})^{-1}\Delta D_{t+j})\frac{P_{t+j}}{D_{t+j}} \quad (7.3)$$

将式(7.3)对数线性化,整理可得式(7.4),其中,与大写字母对应的小写字母表示该大写字母所对应变量的对数值,$\rho = P/(P+D)$,P 与 D 为均衡时的资产价格和股息。

$$p_t - d_t = const + E_t\sum_{j=1}^{\infty}\rho^{j-1}(\Delta d_{t+j} - r_{t+j}) + E_t\lim_{j\to\infty}\rho^j(p_{t+j} - d_{t+j}) \quad (7.4)$$

因此对数形式的价格分解可以表示为式(7.5),其中,p_t^F 为基础价值成分,p_t^B 为泡沫成分。

$$p_t - d_t = p_t^F + p_t^B \quad (7.5)$$

$$p_t^F = const + E_t\sum_{j=1}^{\infty}\rho^{j-1}(\Delta d_{t+j} - r_{t+j}) \quad (7.6)$$

$$p_t^B = E_t\lim_{j\to\infty}\rho^j(p_{t+j} - d_{t+j}) \quad (7.7)$$

不论价格型货币政策还是数量型货币政策,货币政策实施的溢出效应最终主要通过利率(汇率)渠道作用于其最终目标。因此,我们着重研究以利率为媒介的货币政策对资产价格各组成部分的作用机制,通过将资产价格两个组成部分的动态响应，与利率的外生冲击相结合寻求这个问题的答案。

设货币政策冲击为 ε_t^m，根据公式（7.5）至（7.7）可得公式（7.8）与公式（7.9）。

$$\frac{\partial p_{t+k}}{\partial \varepsilon_t^m} = \frac{\partial p_{t+k}^F}{\partial \varepsilon_t^m} + \frac{\partial p_{t+k}^B}{\partial \varepsilon_t^m} \tag{7.8}$$

$$\frac{\partial p_{t+k}^F}{\partial \varepsilon_t^m} = \sum_{j=1}^{\infty} \rho^{j-1} \left(\frac{\partial \Delta d_{t+k+j}}{\partial \varepsilon_t^m} - \frac{\partial r_{t+k+j}}{\partial \varepsilon_t^m} \right) \tag{7.9}$$

根据加利等（Galí et al., 2015）的研究，公式（7.9）等价于：

$$\frac{\partial p_{t+k}^F}{\partial \varepsilon_t^m} = \sum_{j=1}^{\infty} \Lambda^j \left((1-\Lambda) \frac{\partial d_{t+k+j+1}}{\partial \varepsilon_t^m} - \frac{\partial r_{t+k+j}}{\partial \varepsilon_t^m} \right) \tag{7.10}$$

根据"逆向操作"策略思想，采取紧缩性货币政策可以达到抑制资产价格泡沫的作用，应有 $\partial r_{t+k}/\partial \varepsilon_t^m > 0$，$\partial d_{t+k}/\partial \varepsilon_t^m \leq 0$，$k=1,2,3,\cdots$。根据公式（7.10），面临紧缩性货币冲击，基础价值成分应该下降，即 $\partial p_{t+k}^F/\partial \varepsilon_t^m < 0$；同时，根据"逆向操作"的观点，紧缩性货币政策导致资产价格的泡沫成分收缩，即 $\partial p_{t+k}^B/\partial \varepsilon_t^m \leq 0$；由于基础价值成分与资产价格泡沫成分的下降导致资产价格下降，即 $\partial p_{t+k}/\partial \varepsilon_t^m < 0$。本节将从实证分析角度验证上述偏导数关系的存在。

7.2 数据选取与实证模型

7.2.1 数据选取

从理性资产价格理论出发，实证检验将资产价格泡沫纳入货币政策框架后，货币政策效应的动态路径。本节分别对股票市场以及房地产市场展开研究，其中股票市场研究样本区间为1996年第1季度至2020年第4季度，共100个时点。令 DIVIDENT，P，CPI，GDP，I，M2 分别表示每股股利、股票价格、消费价格指数、实际产出、短期名义利率、货币供给量。而房地产市场的样本区间为2009年第4季度至2020年第1季度，共42个样本点，令 PSYPBES 作为房地产市场资产价格泡沫指标名称。

各指标的选取说明如下：

（1）实际每股股利。选取沪深两市全部A股上市公司的流通股本以及每股股利数据，去除ST公司，以计算年度全部A股流通股本加权每股股利。将年度全部 A 股加权每股股利除以季度数量获得季度数据，在此基础上用 4 个季度的数据滚动平均，再通过 CPI 将其处理为实际值并取对数后做差分处理。

（2）实际股票价格。选用沪深两市全部 A 股，对股票收盘价格按照流通股本进行加权，通过 CPI 实际化处理。

（3）房地产价格泡沫，本节采用前文的 PSY 方法得到资产价格泡沫规模的代理变量。

（4）消费价格指数。选用 CPI 当季同比增长作为衡量通货膨胀的指标。

（5）实际产出。实际产出作为货币政策调控的目标之一，是衡量经济发展的重要指标，选用 GDP 不变价当季同比作为实际产出的代理变量。

（6）短期名义利率。选用银行间 7 天同业拆借利率作为价格型货币政策传导渠道的代理变量。

（7）货币供应量，选用 M2 当季同比作为代理变量。本节数据来源于 Wind 数据库与中经网数据库，经过 ADF 单位根检验，六组变量均为平稳序列，除房价泡沫外（见图 4-1），其余六组变量的时序图如图 7-1 所示。

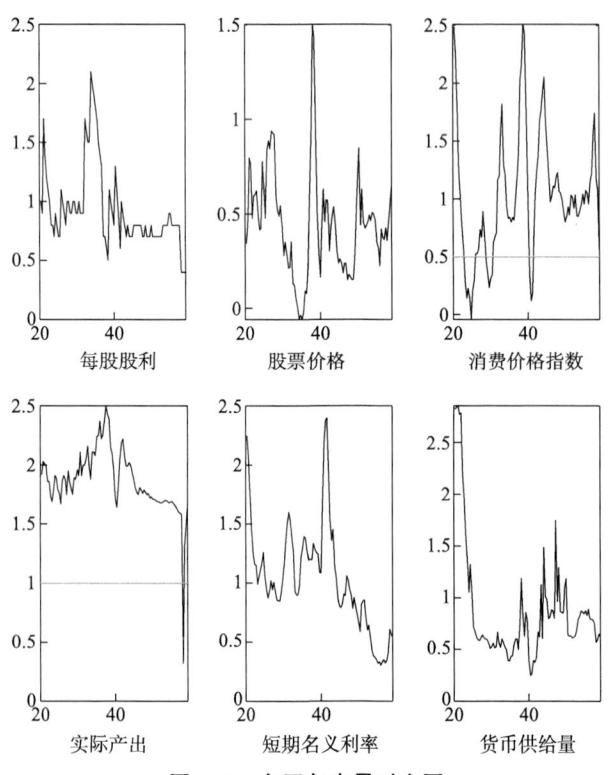

图 7-1　自回归变量时序图

7.2.2 计量模型介绍

根据理论模型部分的分析，资产价格泡沫成分随时间的变化而变化，货币政策冲击也随时间的变化而变化，因此，我们采取中岛（Nakajima，2011）提出的带有时变系数的 TVP-VAR 模型的脉冲响应函数，测度货币政策的冲击影响。具体的脉冲相应函数构建如下。

TVP-VAR 模型的一般形式为：

$$Y_t = c_t + B_{1,t} Y_{t-1} + B_{2,t} Y_{t-2} + \cdots + B_{k,t} Y_{t-k} + A_t^{-1} \Sigma_t \varepsilon_t \tag{7.11}$$

令 $\boldsymbol{\theta}_t = (c_t, B_{1t}, \cdots, B_{kt})$，且令 $\boldsymbol{B}_t = \text{vec}(\theta_t^T)$，其中 vec（·）为将矩阵转化为列矩阵的运算符。假定 $\boldsymbol{B}_t$ 服从 $\boldsymbol{B}_t = \boldsymbol{B}_{t-1} + \boldsymbol{\omega}_t$，$\boldsymbol{\omega}_t$ 服从均值为 0、方差为 $\boldsymbol{Y}_t$ 的高斯白噪声过程，则有 $\alpha_t = \alpha_{t-1} + \nu_{i,t}$，$\log \sigma_t = \log \sigma_{t-1} + \zeta_t$，其中，$\zeta_t$ 与 $\nu_{i,t}$ 服从均值分别为 0 与常数，协方差矩阵分别为 $\boldsymbol{\Xi}$ 与 $\boldsymbol{\Psi}_{i,t}$ 的高斯白噪声过程。假设 $\nu_{i,t}$ 与 $\nu_{j,t}$ 相互独立，$j \neq i$，$\boldsymbol{\omega}_t$、ε_t、ζ_t 与 $\nu_{i,t}$ 在任意超前、滞后期均不相关，并假定各协方差矩阵服从如下先验假设：$Y_t^{-2} \sim Gamma(40, 0.02)$，$\Xi_t^{-2} \sim Gamma(4, 0.02)$，$\Psi_{i,t}^{-2} \sim Gamma(4, 0.02)$，时变参数的初始设定为 $\boldsymbol{\omega}_0 = \nu_{i,0} = \zeta_0 = 0$，$Y_0 = \Psi_{i,0} = \Xi_0 = 10 \times I$。在模型的估计方面，采用马尔科夫链蒙特卡安模拟（markov chain monte carlo，MCMC）抽样算法对模型进行参数估计，并获得一系列的贝叶斯后验统计推断。

本节的重点在于分析紧缩性货币政策的冲击响应，冲击响应如式（7.12）所示，结构化冲击如式（7.13）所示，其中，$A_t^{-1} \Sigma_t^{(i)}$ 表示 $A_t^{-1} \Sigma_t$ 的第 i 列。

$$\frac{\partial Y_{t+j}}{\partial \mu_t^T} = \Psi_{j,t} = [I_n \quad 0 \quad \cdots \quad 0 \quad 0] \begin{bmatrix} B_{1,t} & B_{1,t} & \cdots & B_{k-1,t} & B_{k,t} \\ I_n & 0 & \cdots & 0 & 0 \\ 0 & I_n & \cdots & 0 & 0 \\ \vdots & \vdots & \ddots & \vdots & \vdots \\ 0 & 0 & 0 & I_n & 0 \end{bmatrix}^j \begin{bmatrix} I_n \\ 0 \\ \vdots \\ 0 \\ 0 \end{bmatrix} \tag{7.12}$$

$$\frac{\partial Y_{t+j}}{\partial \varepsilon_t^m} = \frac{\partial Y_{t+j}}{\partial \mu_t^T} \frac{\partial \mu_t^T}{\partial \varepsilon_t^m} = \Psi_{j,t} A_t^{-1} \Sigma_t^{(i)} \quad j=1, 2, \cdots \tag{7.13}$$

与一般 VAR 模型不同，TVP-VAR 模型可同时给出变量的等间隔脉冲响应函数与等时点脉冲响应函数。等间隔脉冲响应函数方面，选取 4 期、8 期和 12 期的等间隔脉冲响应函数，以分析货币政策对资产价格泡沫的短期、中期和长期影响。等时点脉冲响应函数方面，考虑到仅选取个别时点的脉冲响应函数的传统做法，不足以全面描述各个时点变量所受到的冲击影响，因此给出了样本期内全部时点的脉冲响应变化。本节将预烧期设置为1 000次,迭代抽样10 000次。根据AIC与SC准则,将模型的滞后阶判定为滞后2阶。在1%显著性水平下,MCMC抽样估计的Geweke收敛概率检验均无法拒绝估计参数收敛于后验标准分布的原假设,表明预烧期足以使得马尔科夫链趋于集中。由于参数的无效因子普遍较低,因此在计算的过程中可以使用模型估计的参数后验均值计算脉冲响应。

7.3 货币政策对股票市场资产价格泡沫影响效应的实证分析

本节采用TVP-VAR模型分析短期名义利率、货币供应量与实际产出、通货膨胀、股票价格、股利价值,以及股价泡沫间的时变关系。本节重点通过两种类型的脉冲响应结果,研究两种货币政策冲击对股票资产价格泡沫的冲击响应,自回归向量为 $Y_t = (DIVIDENT_t, P_t, CPI_t, GDP_t, I_t, M2_t)^T$。

7.3.1 等间隔脉冲响应

图7-2反映了各股利变量和股票价格变量对紧缩性数量型货币政策的冲击,以及扩张性数量型货币政策冲击所产生的冲击响应,其中横轴表示时间,时间区间为1996年第1季度至2020年第4季度,共100个时点;纵轴表示贝叶斯估计下时变参数的后验均值的脉冲响应函数值。在每个时点分别进行提前4期、8期和12期的等间隔单位正向冲击,即紧缩性货币政策冲击,其对应的冲击响应结果分别由点线、虚线和实线表示。

图7-2-1给出了紧缩性货币政策冲击对股利的冲击影响。在整个样本期内,紧缩性数字型货币政策冲击对实际股利的影响较小。提前4期、8期与12期的脉冲均为负值,表明紧缩性货币政策引起了股利的下跌。这源自紧缩性货币政策抑制了投资活动,而投资活动的降低直接影响了上市公司的收益,进而影响了股利分红。此外,该结果还表明提前期越短,紧缩性货币政策对股利的负向影响程度越大,说明股利对短期冲击反应较为敏感。在第25个时点至30个时点,异常正向变动是由于在1998年之前,中国上市公司的股利制度不够完善而真正分红的公司少之又少,而在2002至2003年股利分红的突然增多导致。图7-2-2给出了股票价格的脉冲响应趋势。由于价格传导的滞后性,提前4期初始冲击响应均为正数且绝对值较小,提前8期和提前12期冲击导致在20~30期左右资产价格呈现下降趋势,说明由于政策滞后以及

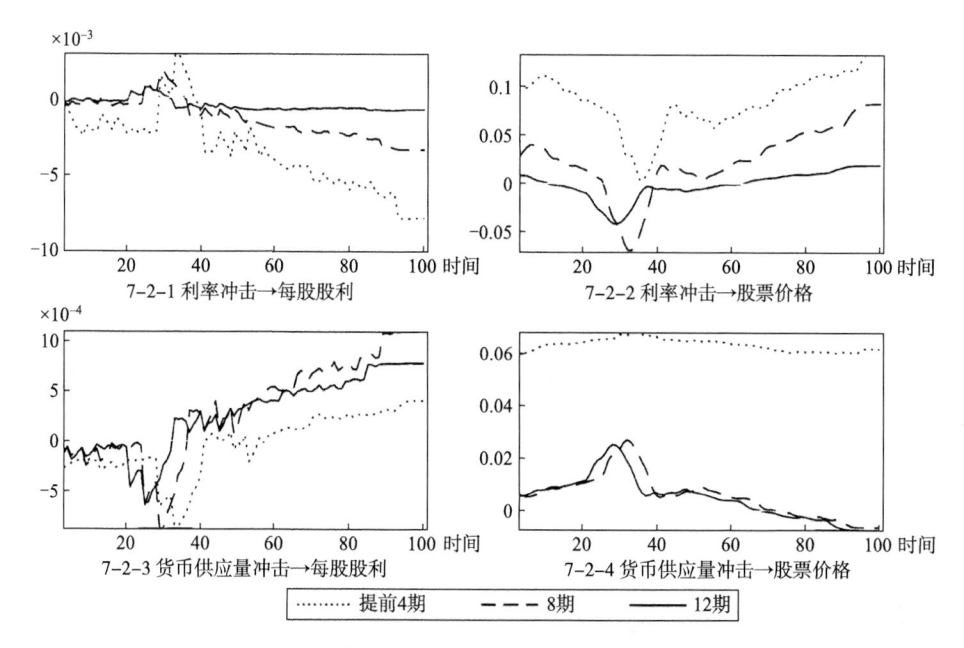

图 7-2　股票市场的货币政策等间隔脉冲响应

资产价格刚性的存在，紧缩性货币政策的初始冲击导致实际股票价格的小幅上升，与"逆向操作"的经验结论相违背。实证结果表明，紧缩性货币政策无法达到抑制股票价格上升的作用，反而会引起其小幅度上升。

图 7-2-3 给出了以 M2 正向冲击为代表的扩张性货币政策对股利的脉冲影响，如图所示，其冲击影响对于股利的影响小于利率冲击，并且其冲击影响初始为负向影响，40 期后才呈现正向影响。这与"逆向操作"中扩张性货币政策的影响方向相违背。此外如图 7-2-4 所示的扩张性货币政策对股价的脉冲影响与常识相符，即扩张的货币政策引起了股价的上升。但对比二者可以发现，扩张性货币政策虽然抬高了股价，但却对股利的上升影响较为微小，我们知道当货币供给增多，名义利率会下降，而名义利率与股利的下降意味着资产价格内在价值的下降，因此可以发现以 M2 正向冲击为代表的扩张性财政政策，实际是通过抬升泡沫的方式抬升股价的。

综上所述，通过抬升利率而施行的紧缩性货币政策以抑制股票价格上升效果甚微，该货币政策对股票价格以及股利的影响较弱。通过提高货币供应量而施行的扩张性货币政策，对股价的抬升也仅以抬升泡沫的方式得以进行，而未对股票价格的内在价值成分产生实质作用。二者均与针对资产价格的

"逆向操作"策略的初衷相违背。由于中国资本市场存在非理性的过度投机行为以及发展不成熟等因素,导致货币政策对资本市场的传导受阻。

7.3.2 等时点脉冲响应

为进一步验证货币政策对资产价格泡沫的影响,根据加利等(Galí et al., 2015)的研究,本节对公式(7.10)做如下假设,其中 Λ 等于股利增长率与收益率在均衡时的比值,其恒小于1。

据此我们根据价格型货币政策的脉冲响应函数,可以计算得到内在价值成分的脉冲相应,以及如公式(7.8)所示,通过股票价格的脉冲响应,和计算得到的内在价值成分的脉冲响应进一步计算得到的 $\partial p_{t+k}^B / \partial \varepsilon_t^m$。此处参考加利等(Galí et al., 2015)的研究,假设 $\Lambda = 0.99$。

图7-3给出了全部内生变量以及股票基础价值成分与泡沫成分对于紧缩性货币政策的等时点脉冲响应。其中,x 轴表示时变脉冲响应的滞后期,共14期;y 轴表示样本区间1996年第1季度至2020年第4季度,共100个时点;z 轴表示 MCMC 估计的时变系数的后验均值计算的时变系数脉冲响应函数值。等时点脉冲响应描述的是在整个样本区间内每一时点给予正向单位冲击,根据时变参数计算其滞后14期内的冲击响应趋势。等时点脉冲响应改善了单一时点脉冲响应的片面性,更为全面地描述了整个样本区间内全部时点的脉冲响应趋势。

图7-3-1给出了紧缩性货币政策冲击对股利的影响。整个样本区间内,股利变化趋势普遍在0以下,说明紧缩性货币政策引起了股利的普遍下降,但下降的幅度较小,最高响应值为0.008个基点。12期之后股利的冲击响应趋于0,即紧缩性货币政策冲击影响在12期后消失,相比于实际 GDP,股利的货币政策冲击效应消失更为迅速。

图7-3-2给出了紧缩性货币政策冲击对股票价格的影响。股票价格的脉冲响应整体数值较大,说明货币政策对股票价格的冲击影响较强。滞后6期之前股票价格的脉冲响应普遍大于0,6期之后有部分时点的脉冲响应短暂地下降到0值以下,之后又继续上升到0值以上,表明紧缩性货币政策冲击对股价的抑制作用具有明显的时滞效应,即使达到抑制股价的作用,其持续期也是短暂的,股价会很快继续攀升。

图7-3-3至图7-3-6分别给出了短期利率正向冲击对通货膨胀 CPI,GDP,短期名义利率自身,以及货币供应量 M2 的冲击影响,此处不再赘述。

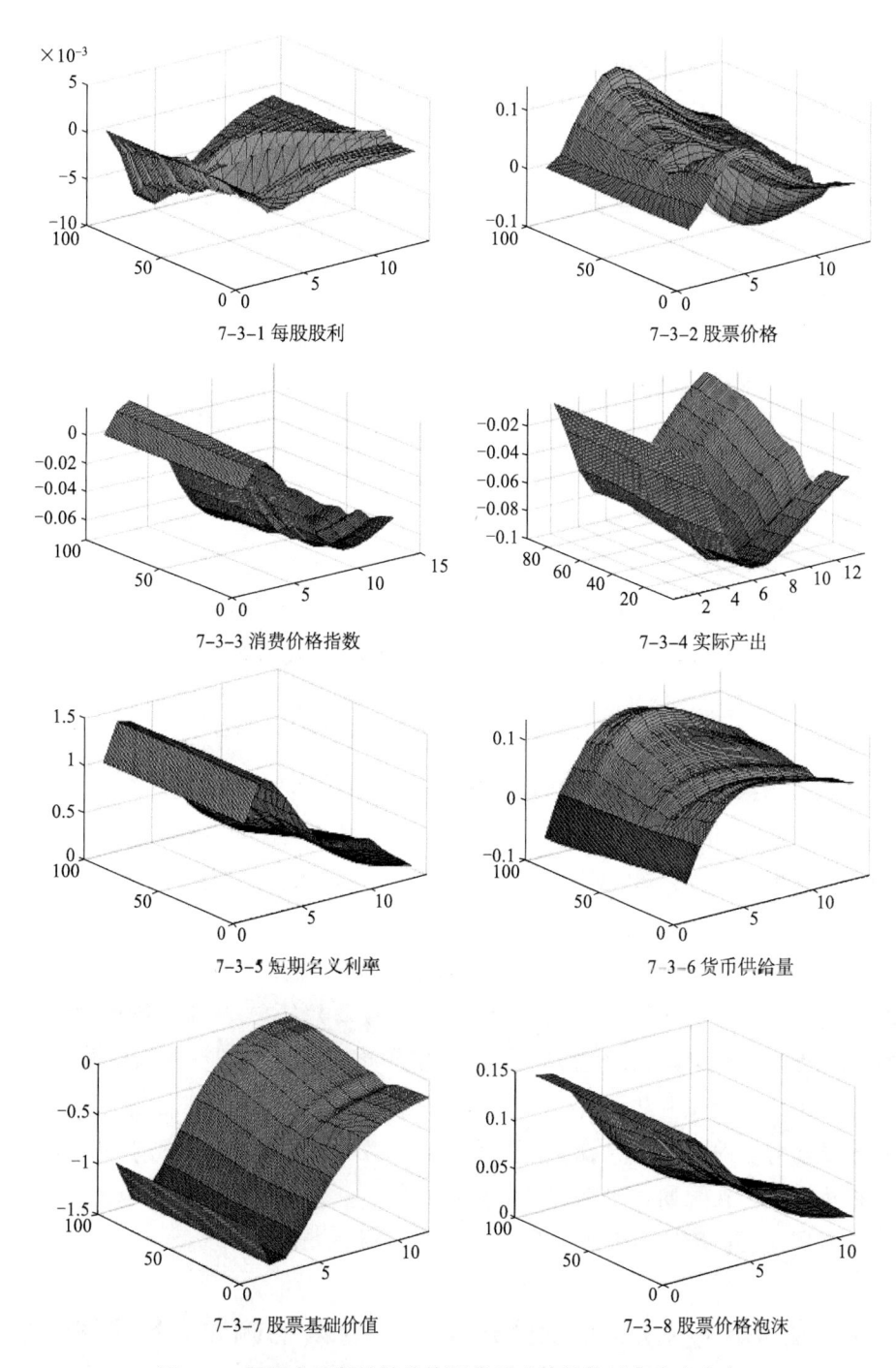

7 中国货币政策对资产价格泡沫的影响效应研究

7-3-1 每股股利

7-3-2 股票价格

7-3-3 消费价格指数

7-3-4 实际产出

7-3-5 短期名义利率

7-3-6 货币供给量

7-3-7 股票基础价值

7-3-8 股票价格泡沫

图 7-3 股票市场紧缩性价格型货币政策的等时点脉冲响应

图 7-3-7 给出了紧缩性货币政策冲击所导致的股票基础价值的脉冲响应。此处严格按照理论部分分析对资产价格进行分解。在整个样本区间内基础价值的脉冲响应绝对值较大，但脉冲响应普遍为负值，12 期时才不断趋近于 0，说明货币政策对股票基础价值的影响较大，紧缩性货币政策能够引起股票基础价值的显著下降，并且在滞后 12 期左右货币政策冲击效应才逐渐消失。股票基础价值的大幅度下降主要由利率的大幅上升引起。因此引起基础价值下降的主要原因是"通胀幻觉"效应，即投资者无法正确区分实际利率与名义利率而引起的错误定价，进而导致的基础价值大幅度下降。

图 7-3-8 给出了紧缩性货币政策冲击所引起的股票价格泡沫成分的脉冲响应。根据理论部分的分析，通过内生变量股价、利率、股利的脉冲响应函数计算而来。就整个样本区间看，紧缩性货币政策冲击对股票价格泡沫成分的影响较为显著且普遍为正值，紧缩性货币政策没有达到抑制股票价格泡沫的作用，反而引起了股票泡沫成分的显著上升。虽然随着滞后期不断增多，股票泡沫成分的上升趋势减缓，但仍呈现上升趋势，直至滞后 12 期货币政策效应才逐渐消失。这是由于股票价格泡沫对利率政策依然存在较强的"通胀幻觉"，使其无法及时依据利率政策的变化进行调整。

图 7-4 给出了 $M2$ 正向冲击的等时点脉冲响应。由图 7-4-1 可见，货币供应的增加会导致股利变量产生短期负向影响，长期由负转正。对资产价格的冲击影响则显著呈现正值。由此可见，货币供应增加对以股利为代表的内在价值变量的冲击影响存在一定的不确定性。其短期内对资产价格泡沫的大幅度促进作用，是以抬升泡沫成分为代价进行的。

综上所述，针对传统的货币政策目标，"逆向操作"策略的有效性较强，而针对资产价格的"逆向操作"策略有效性较弱并具有较强的不确定性。由于紧缩性货币政策冲击对泡沫成分的正向影响大于对基础价值的负向影响，导致股票价格温和上升，因此针对资产价格泡沫"逆向操作"的效果与经验结论相违背。对于扩张的数量型货币政策，虽然其长期会导致股利和资产价格的上升，但在短期对股利的影响呈现负值，且波动性较大，呈现较强不确定性，因此要谨慎使用货币政策工具治理资产价格泡沫。

7.4 货币政策对房地产市场资产价格泡沫影响效应的实证分析

为进一步理解货币政策对资产价格泡沫整体的作用机制，本节在股票价

7-4-1 每股股利

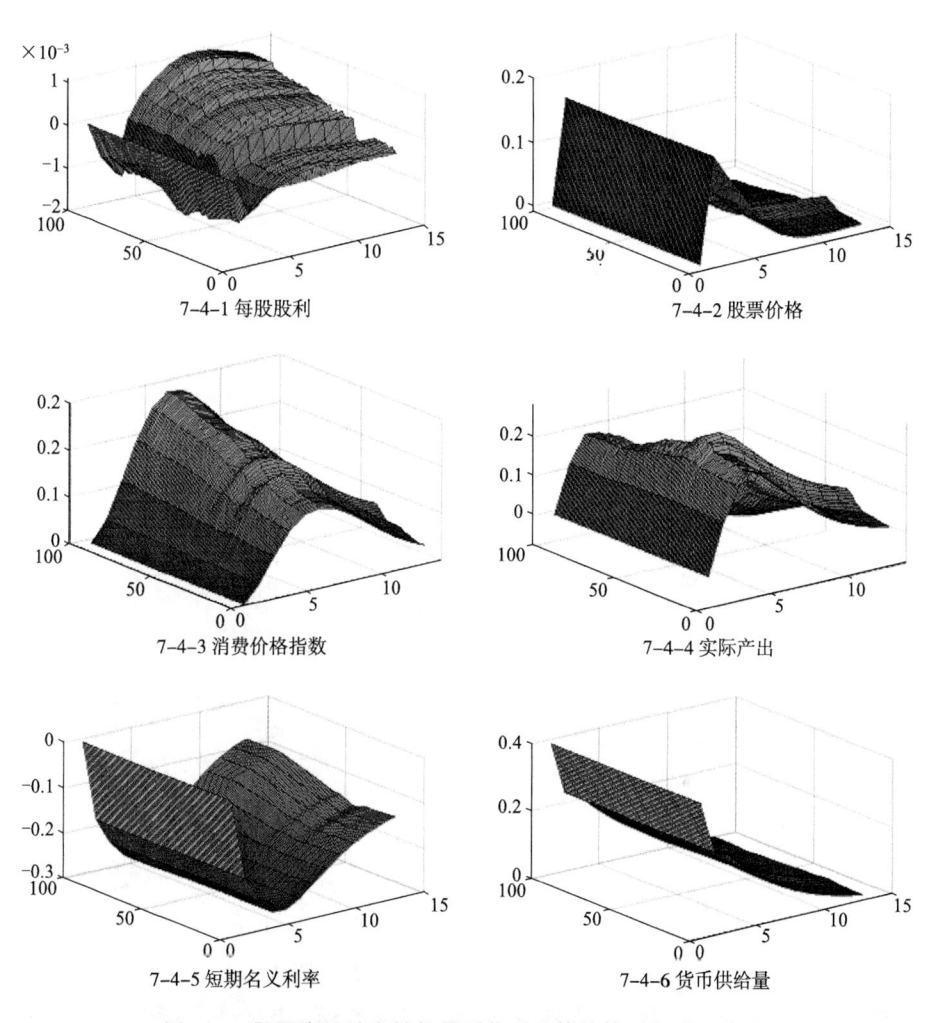

7-4-2 股票价格

7-4-3 消费价格指数

7-4-4 实际产出

7-4-5 短期名义利率

7-4-6 货币供给量

图 7-4 股票市场扩张性数量型货币政策的等时点脉冲响应

格泡沫政策效应研究的基础上，进一步考察货币政策调整对房地产价格泡沫的动态影响。本节依然采用 TVP-VAR 模型分析短期名义利率与实际产出、通货膨胀、房地产泡沫间的时变关系，模型的具体设定与 7.3 节相同，本节的自回归向量为 $Y_t = (PSYPBES, CPI_t, GDP_t, I_t, M2_t)^T$。

7.4.1 等间隔脉冲响应

关于房地产价格泡沫的等间隔脉冲响应如图 7-5 所示。如图 7-5-1 所示，提前 4 期的脉冲响应函数持续为正，表明利率政策的正向冲击在短期内会引

125

起房地产价格泡沫呈现上升趋势。而提前 8 期和 12 期的正向利率冲击,会导致资产价格泡沫呈现下降趋势。该结论同货币政策对股票市场的政策治理效应具有相似性,即由于名义刚性以及"通胀幻觉"等因素的存在,导致资产价格泡沫无法对利率政策做出及时调整,因此在短期内资产价格泡沫呈现了较强的上升趋势,而长期才形成泡沫收缩状态。

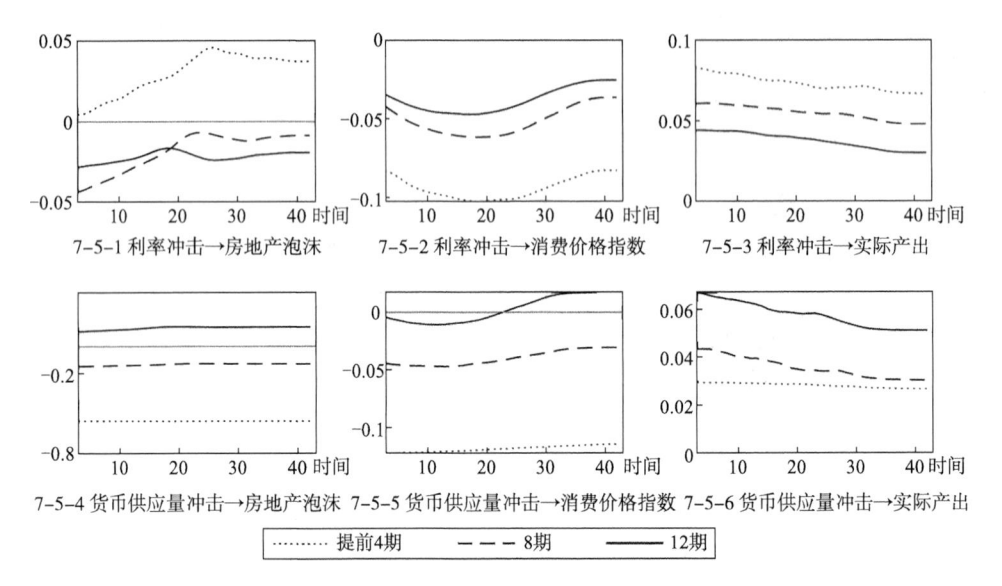

7-5-1 利率冲击→房地产泡沫　　7-5-2 利率冲击→消费价格指数　　7-5-3 利率冲击→实际产出

7-5-4 货币供应量冲击→房地产泡沫　7-5-5 货币供应量冲击→消费价格指数　7-5-6 货币供应量冲击→实际产出

‥‥‥‥ 提前4期　　— — — 8期　　——— 12期

图 7-5　房地产市场的货币政策等间隔脉冲响应

此外,如图 7-5-4 所示,提前 12 期的冲击影响持续为正,即数量型货币政策的正向冲击会导致长期内房地产价格泡沫的持续上升,与"逆向操作"的正向结论相一致。但短期内(提前 4 期)以及中期内(提前 8 期)正向数量型货币政策,对房地产价格泡沫的冲击影响呈现持续负值,表明中长期内数量型货币政策的泡沫治理效果并不显著,甚至适得其反,间接体现了数量型货币政策的短期不确定性较大。

除上述结论外,可以发现,将资产价格泡沫纳入货币政策反应框架后,不论是数量型货币政策还是价格型货币政策,对通货膨胀以及产出的影响都产生了较大程度的不确定性,其中数量型货币政策的不确定性表现更为突出。

7.4.2　等时点脉冲响应

将房地产价格泡沫纳入货币政策框架后的价格型货币政策的冲击影响如

图 7-6 所示。如图 7-6-1 所示，等时点脉冲响应中，房价泡沫对紧缩的价格型货币政策普遍呈现先上升后下降趋势，并且 14 期内该冲击影响尚未收敛，表明该政策对房价泡沫的治理存在普遍的政策滞后效应。此外，如图 7-6-3 所示，在加入房价泡沫政策目标后，以 GDP 代理的产出变量对正向利率冲击呈现上升趋势，与传统货币政策目标显著相违背。该结论表明，在将房价泡沫纳入货币政策框架之后，政策效应的不确定性显著增强。其不仅对泡沫治理无法产生理想效果，并且对传统政策目标的治理效果也差强人意。

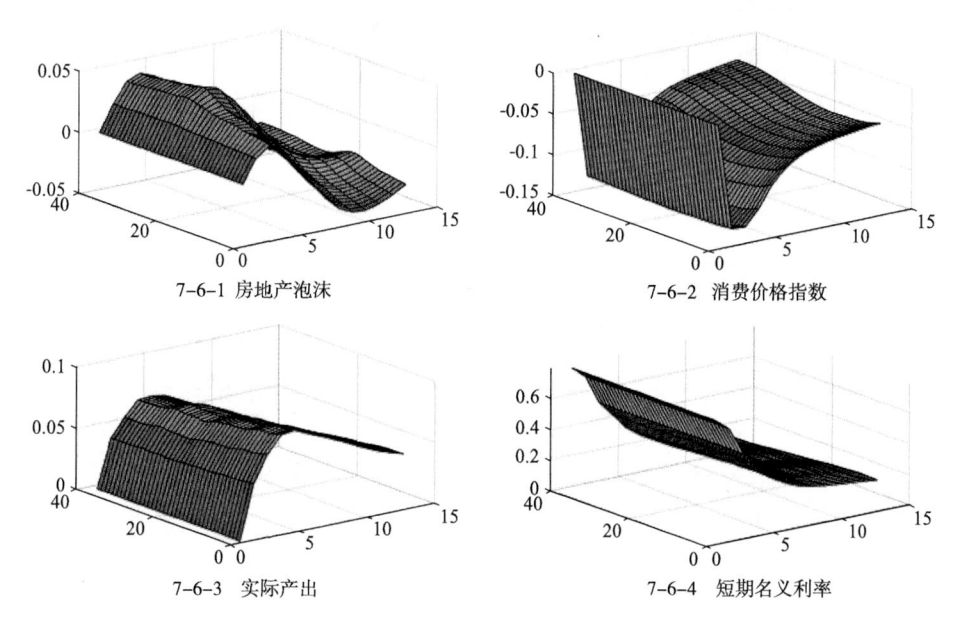

7-6-1 房地产泡沫

7-6-2 消费价格指数

7-6-3 实际产出

7-6-4 短期名义利率

图 7-6　房地产市场的紧缩性价格型货币政策等时点脉冲响应

将房地产价格泡沫纳入货币政策框架后的数量型货币政策的冲击影响如图 7-7 所示。如图 7-7-1 所示，正向的货币供应冲击并不能导致房地产价格泡沫立即扩张，存在短期下降、长期上升趋势，趋势转变时点在滞后 10 期后发生。该结论表明，与价格型货币政策一样，数量型货币政策在房价泡沫治理上也存在较大程度的滞后效应，并且数量型货币政策的滞后效应更为明显。因此货币政策的泡沫治理效应并不理想。除此之外，数量型货币政策对通货膨胀以及总产出的治理效应符合政策目标，即货币供应的增加导致通货膨胀的上升以及产出的上升。

上述关于房地产价格泡沫的时变冲击影响表明，不论是价格型货币政策

7-7-1 房地产泡沫

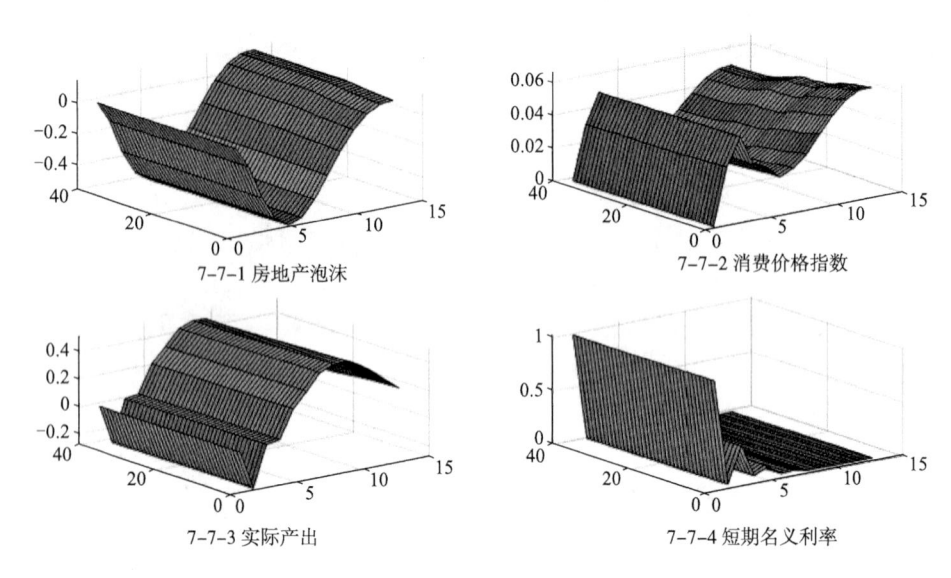

7-7-2 消费价格指数

7-7-3 实际产出

7-7-4 短期名义利率

图7-7 房地产市场的扩张性数量型货币政策等时点脉冲响应

还是数量型货币政策，对房地产价格泡沫的治理均存在一定程度的滞后影响。虽然长期政策效果明显，但短期政策不确定性较大。并且除此之外，在将房价泡沫、产出以及通货膨胀统一纳入货币政策反应框架后，货币政策对传统目标变量的冲击影响的不确定性显著加强，政策不确定性在产出影响上表现更为突出，整体上通货膨胀的冲击影响符合预期。

7.5 本章小结

本章在局部均衡框架下构建了一个用以分析货币政策与资产价格、资产价格泡沫成分以及基础价值成分的理论框架。为验证理论观点，本章通过TVP-VAR模型进行实证检验，通过等间隔脉冲响应与整个样本区间内的等时点脉冲响应，分析了紧缩性价格型货币政策与扩张性数量型货币政策，对股票资产价格泡沫以及房地产资产价格泡沫的冲击影响，得出三点结论。

第一，在纳入股票价格泡沫或者房价泡沫后，针对通货膨胀和GDP两个传统货币政策目标的"逆向操作"，策略政策效果呈现较大不确定性，其中通货膨胀冲击响应基本符合预期，即紧缩性货币政策可以有效抑制通货膨胀，反之促进。而在经济增长方面，上述政策均体现出较强不确定性，即纳入泡沫目标后，政策不确定性显著加强。

第二，紧缩性价格型货币政策的实施会引起股票价格长期仍呈现上升趋势。因此，相比于对通货膨胀水平较为确定的定向调控，对资产价格的调控具有明显的不确定性，该政策无法有效抑制股票价格的持续上升。因此，当股市过热时，应谨慎使用紧缩性价格型货币政策，应避免出现政策不确定冲击影响与市场效应叠加风险，威胁资本市场稳定。此外，以 $M2$ 正向冲击为代表的扩张性数量型货币政策对资产价格具有正向促进作用，而对股利变量的负向影响表明，其对价格的正向抬升以促进资产价格泡沫的方式进行。

第三，紧缩性价格型货币政策无法达到有效抑制股价泡沫的作用，相比于股票基础价值的下跌，股票泡沫成分的上升更为显著，并且引起泡沫成分上升的主要原因是利率变动引起的"通胀幻觉"效应。该货币政策的实施对上市公司的基础价值具有显著作用。上市公司基础价值的显著下跌导致上市公司价值缩水，不利于上市公司的长期健康发展，主要是中国资产市场的噪声交易以及情绪因素，使得货币政策无法实现平滑传导。此外，紧缩性价格型货币政策导致房地产价格泡沫短期内呈现下降趋势，而长期才呈现上升趋势。扩张性数量型货币政策对房地产价格泡沫的不确定性具有影响。该结论再次表明，不论是股票价格泡沫还是房地产价格泡沫，货币政策治理效果均与"逆向操作"框架的政策预期存在较大差距。

上述研究结论表明，在中国资产价格泡沫的政策治理中，货币政策"逆向操作"的政策目的难以实现，因此在进行泡沫治理过程中，应谨慎使用该政策工具，避免发生政策不确定性引发的泡沫崩盘风险。

8 结 论

8.1 主要研究结论

立足于中国资产市场现状，本书在资产价格泡沫破灭风险不断加强的背景下，对资产价格泡沫展开计量分析。该研究主要包含四个方面：首先，本书系统地总结和梳理了已有的资产价格泡沫相关研究的发展脉络，包括资产价格泡沫的识别与测度，资产价格泡沫的形成机理，资产价格泡沫的影响效应，以及资产价格泡沫的政策治理。并在此基础上界定了资产价格泡沫的内涵、演化机制，介绍了理性资产价格泡沫与非理性资产价格泡沫的相关理论。其次，本书在理论与实证层面重点分析了资产价格泡沫形成机理的两方面因素，包括宏观层面上，由信贷引发的房地产价格泡沫的形成机理；在微观层面上，卖空约束下投资者异质信念引发的股票价格泡沫的形成机理。再次，本书在资产价格泡沫的影响效应方面，重点分析了资产价格泡沫的金融传染效应，并构建了行业资产价格泡沫的总体、带有方向性的，以及两两行业间的时变动态连通性指数。最后，在政策治理方面，本书对中国股票市场的货币政策治理效应进行研究，并着重考察了紧缩性价格型货币政策、扩张性数量型货币政策对股票价格泡沫，以及基本面变量的等间隔等时点冲击影响。具体结论有五点。

第一，基于 PSY 泡沫识别程序对中国股票市场以及房地产市场的识别研究发现：首先，虽然中国目前尚未爆发大规模的泡沫崩溃事件，但股票市场以及房地产市场均经历了完整的泡沫周期，即资产价格泡沫均发生过较为持续的扩张与收缩过程。其次，纵向对比看，90% 临界值下，在样本区间内中国股市总体发生了两次大规模的泡沫过程，分别为 2007 年 4 月至 10 月与全球金融危机，以及与股权分置改革冲击相关联的泡沫事件；和 2015 年 3 月至 6 月与大规模宽松的货币政策相关联的泡沫事件。中国房地产市场总体上粗略统计共产生一次泡沫区间,具体为2016年6月至2017年8月。这一阶段房地产价格的非理性繁荣来自2015年央行连续施行的降息和降准政策。最后,对已发生的泡沫事件进行横向对比发现,上交所市场的泡沫韧性强于深交所,其泡沫持续期长,完整的泡沫区间少。在房地产泡沫中,一线城市、新一线城市、二线城市与三线城市的泡沫韧性逐步递减,其中,一线城市的房地产价格泡沫最具韧性,源自强大的经济基础与人口"虹吸效应",导致该类城市房地产价格泡沫持续期较长且不易破灭。

第二,关于资产价格泡沫形成机理的杠杆因素研究中,首先,理论分析结果表明,在违约概率大于零的前提下,金融杠杆的存在会导致资产的错误定价。其次,基于NARDL模型对分部门金融杠杆对资产价格泡沫的影响效应进行实证分析发现,整体上金融部门和实体部门的宏观杠杆均能实现有效调整资产价格泡沫的规模,但金融杠杆的正向调控以及负向调控存在典型的非对称特征。再次,就实体经济部门而言,"一刀切"的去杠杆政策不利于房地产市场的稳定运行,当实体经济部门进入去杠杆周期,会导致资产价格泡沫的极度收缩,引起"价格地震"。在金融部门的杠杆调控方面,负债端与资产端的泡沫影响具有显著差别。最后,宏观杠杆跨部门转移是进行泡沫调控的有利措施,如在居民部门存在加杠杆空间前提下,进行宏观经济杠杆由非金融企业部门向居民部门的杠杆转移。此外,有效发挥中央政府部门杠杆调控的前瞻信号指引作用是资产价格泡沫调控的有效措施,前瞻性指引的根本目标不应以单一方向的杠杆调控为目的,而应着眼于"熨平"杠杆波动。

第三,关于资产价格泡沫在微观层面的形成机理中,本书重点分析了2015年股市异常波动期间,卖空约束下投资者异质信念对股票错误定价的影响。首先,融资融券制度作为重要的卖空机制,在纠正错误定价以及促进市场流动性方面发挥了重要作用。但中国的融资融券制度由于融资、融券门槛的差别导致二者存在显著的失衡情况,导致该卖空渠道同时兼具杠杆交易特征与卖空属性,其中杠杆特征会加深股票的错误定价水平,而卖空约束特征则有助于纠正股票的错误定价。具体看,上海主板市场融资融券交易机制更多体现较强的加速风险释放的杠杆交易特征。该杠杆交易特征致使投资者情绪非对称表达,进而引致股票的错误定价。而深圳主板市场的融资融券交易未体现较强的"助涨杀跌"的杠杆交易特征。其次,区制分析结果表明,两主板市场的融资融券交易制度均具有一定卖空交易特征。卖空交易特征一定程度上吸收投资者情绪变化进而纠正股票的错误定价,该特征对深圳主板市场的影响程度显著强于上海主板市场，进而说明深圳主板市场的融资融券制度纠正股票错误定价的强度更大。最后，在区制分析中沪深主板的投资者异质信念，在股价泡沫快速破灭前均对融资融券产生正向影响，该正向影响表明投资者通过融资融券表达其情绪变动的意愿较为强烈，因此该正向影响的出现可以作为股价泡沫破裂，股价暴跌的预警信号。

第四，基于时变动态 DY 连通性测度，对中国股票市场行业间资产价格泡沫的传染效应进行了研究中。首先，总体动态连通性捕捉到 2012 年以来中国股市发生的三次典型的泡沫事件，分别为 2015 年股市异常波动、2017—2018 年上半年的债券市场大规模债务违约，以及 2018 年以来的中美贸易摩擦，该结果表明在金融风险暴发期间，股票泡沫的溢出效应显著加强。其次，总体带有方向性的连通性测度表明，工业、医药卫生以及信息技术三个行业产生的泡沫溢出效应、溢入效应与净溢出效应，在影响规模、影响时段上均处于领先位置，因此三个行业最具泡沫传染性，在资产价格泡沫传导过程中处于信息先导地位。而主要消费以及公共事业两个行业在资产价格泡沫溢出影响，以及溢入影响方面均弱于上述三个行业，且其净溢出连通性普遍为负并在两次泡沫区间均处于中等规模水平，因此在泡沫信息传递过程中处于信息滞后位置，是泡沫传染效应的主要承担行业。最后，两两行业间的净溢出动态连通性指数的测度结果与带有方向性的总体连通性指数测度结论基本一致，并且在资产价格泡沫传染效应方面，存在一定的行业轮动特征。

第五，在针对中国股市泡沫以及房价泡沫的货币政策治理效应研究中，首先，等间隔与等时点脉冲响应的实证结果表明，在加入资产价格泡沫目标后，紧缩性价格型货币政策和扩张性数量型货币政策对传统政策目标调控效果的不确定性有所加强。其次，在针对股票市场的货币政策调控中，紧缩的价格型货币政策无法同时兼顾对股票价格以及通货膨胀的调控，相比于对通货膨胀水平较为确定的定向调控，货币政策对股票价格的调控具有明显的不确定性，紧缩性货币政策无法有效抑制股票价格的持续上升。这与"逆向操作"的思想相违背。此外，紧缩的价格型货币政策可以有效引起股票价格基础价值成分的下跌，但却会导致股票泡沫成分的显著上升以及房价泡沫的短期上升。基础价值的显著下跌导致上市公司价值缩水，不利于上市公司的长期健康发展。而资产价格泡沫的短期上升使得该政策效果适得其反。以 $M2$ 正向冲击为代表的扩张性货币政策对股利的脉冲影响在短期内持续为负值，对资产价格起到正向促进作用，几乎是以抬升泡沫价值的方式得以实现。因此在施行该政策时，应谨防资产价格泡沫的大幅度上升。最后，在针对房地产价格泡沫的调控中，紧缩性价格型货币政策冲击会导致房地产价格泡沫在短期内出现上升趋势，长期呈现下降趋势。扩张性数量型货币政策则会导致资产价格泡沫短期呈现下降趋势，长期呈现上升趋势，明显与政策预期效果存在一定差距。因此，当房地产市场过热时，应谨慎使用货币政策工具，以避免出现政策不确定冲击影响与市场效应叠加风险，威胁市场稳定。

8.2 主要政策启示

上述结论在不同方面揭示了中国资产价格泡沫的运行现状与演化规律，基于上述研究，本书获得四点政策启示。

第一，实证结果表明，中国主要的资产市场发生过不同程度的资产价格泡沫的膨胀与收缩过程，虽未发生大规模的泡沫崩盘，但在守住不发生系统性金融风险的政策底线下，以及在全球范围内的大规模流动性释放背景下，泡沫的崩盘风险需要被广泛重视。

第二，在通过调控金融杠杆对资产价格泡沫进行政策调控时，首先要维持适应经济平稳发展以及资产市场平稳运行的杠杆水平，合理掌握杠杆调整节奏，避免经济整体"杠杆化"所引起的资产市场过度繁荣，以及"去杠杆"过程引起的资产市场巨幅波动。其次，要区别对待各部门杠杆主体，结合各部门金融杠杆对资产价格影响的短期不确定性，以及长期、短期非对称性的差异特征，统筹协调多部门杠杆实施精准的前瞻性宏观、微观杠杆管理。切莫由于仅盯住单一资产市场进行杠杆调整，而引起资产市场整体风险恶化甚至引发宏观经济风险。最后，在实施杠杆调整过程中要结合各部门杠杆调整周期以及实际经济金融周期进行，避免政策期限错配所致的政策时效性弱以及恶化资产市场系统性风险。此外，在金融杠杆管理的同时要积极发挥市场机制优化金融杠杆结构的作用，充分发挥资产市场的杠杆选择功能。

第三，中国资本市场散户较多，机构投资者存在不同程度的异质信念，若投资者的异质信念得不到有效表达则会造成股价不同程度的异常波动，不利于资本市场的长期健康发展。由此启示我们：首先，在实务操作过程中应通过调节融券成本实现降低融券门槛，达到调节融资融券均衡比例、规范卖空渠道的作用。其次，要有效监督融资融券等具有杠杆交易特点的交易方式，避免出现 2015 年由于无序杠杆交易推动股票价格泡沫快速积聚、破灭的情况。最后，要稳步建设期权、期货市场，为投资者增设其他卖空渠道，进而大力提升资本市场的价格发现能力以促进资本市场有效性及其服务实体经济的能力。

第四，针对资产价格的"逆向操作"策略在施行过程中具有较强的不确定性。将资产价格稳定与其他货币政策目标，尤其是通货膨胀目标统一到同一框架进行讨论存在理论上以及实践上的难度，因此是否将金融稳定加入货币政策目标有待进一步商榷。此外，由于"通胀幻觉"的存在，紧缩性货币政策引起了资产价格泡沫成分的显著上升，因此在金融稳定、资产价格泡沫的治理方面，相比于货币政策工具的不确定性调控，政策制定者应侧重宏观审慎监管方面的作用，在资产价格泡沫出现异常膨胀的初始，即通过严谨的、全面的、多层次的审慎监管进行有效的事前压制，避免资产价格的泡沫成分进一步扩张。

参考文献

英文参考文献

[1] ABRAHAM J M, HENDERSHOTT P H. Bubbles in metropolitan housing markets [J]. Journal of housing research, 1996 (2): 191.

[2] ABREU D, BRUNNERMEIER M K. Bubbles and crashes [J]. Econometrica, 2003 (1): 173-204.

[3] ACHARYA V V, ENGLE R, MATTHEW R. Capital shortfall: a new approach to ranking and regulating systemic risks [J]. American economic review, 2012 (3): 59-64.

[4] ACHARYA V V, PEDERSEN L H, PHILIPPON T, et al. Measuring systemic risk [J]. The review of financial studies, 2017 (1): 247.

[5] ADLER M, DUMAS B. International portfolio choice and corporation finance: a synthesis [J]. Journal of finance, 1983 (3): 925-984.

[6] ADRIAN T, BRUNNERMEIER M K. CoVaR [J]. American economic review, 2016 (7): 1705-1741.

[7] AHMED E, ROSSER J B, UPPAL J Y. Evidence of nonlinear speculative bubbles in pacific-rim stock markets [J]. Quarterly review of economics & finance, 1999 (1): 21-36.

[8] ALAGIDEDE P, PANAGIOTIDIS T, ZHANG X. Causal relationship between stock prices and exchange rates [J]. The journal of international trade & economic development: globalised labour and capital markets, 2011 (1): 67-86.

[9] MARTIN A, VENTURA J. The macroeconomics of rational bubbles: a user's guide [J]. Social ence electronic publishing, 2018.

[10] ALESSANDRI P. Bubbles and fads in the stock market: another look at the

experience of the us [J]. International journal of finance & economics, 2006 (3): 195-203.

[11] ALLEN F, GALE D. Bubbles a nd crises [J]. The economic journal, 2000 (1): 236-255.

[12] ALLEN F, GALE D, BARLEVY G. Asset price booms and macroeconomic policy: a risk - shifting approach [J]. American economic journal: macroeconomics, 2022, (14): 243-280.

[13] ALLEN F, GORTON G. Churning bubbles [J]. The review of economic studies, 1993 (4): 813-836.

[14] ALLEN F, MORRIS S, POSTLEWAITE A. Finite bubbles with short sale constraints and asymmetric information [J]. Journal of economic theory, 1993 (2): 206-229.

[15] ANDERSEN T G, BOLLERSLEV T, DIEBOLD F X, et al. Real-time price discovery in global stock, bond and foreign exchange markets [J]. Journal of international economics, 2007 (2): 251-277.

[16] AOKI K, NAKAJIMA T, NIKOLOV K. Safe asset shortages and asset price bubbles [J]. Journal of mathematical economics, 2014 (5): 164-174.

[17] ARCE O J, LOPEZ SALIDO J D. Housing bubbles [J]. American economic journal: macroeconomics, 2011 (4): 212-241.

[18] AZARIADIS C, SMITHB D. Adverse selection in the overlapping generations model: the case of pure exchange [J]. Journal of economic theory, 1993 (2): 277-305.

[19] BAE K, KAROLYI G A, STULZ R M. A new approach to measuring financial contagion [J]. The review of financial studies, 2003 (3): 717-763.

[20] BARBERIS N, SHLEIFER A, VISHNY R. A model of investor sentiment [J]. Journal of financial economics, 1998 (3): 307-343.

[21] BARLEVY G. A leverage-based model of speculative bubbles [J]. Journal of economic theory, 2014 (9): 459-505.

[22] BARLEVY G. Bridging between policymakers' and economists' views on bubbles [J]. Economic perspectives, 2018 (4): 1-21.

[23] BENGUI J, PHAN T. Asset pledgeability and endogenously leveraged

bubbles [J]. Journal of economic theory, 2018 (9): 280-314.

[24] BERNANKE B, GERTLER M. Monetary policy and asset price volatility [J]. Economic review, 1999, 84 (4): 17-17.

[25] BERNANKE B, GERTLER M. Should central banks respond to movements in asset prices? [J]. American economic review, 2001 (1): 14-31.

[26] BILLIO M, GETMANSKY M, et al. Econometric measures of systemic risk in the finance and insurance sectors [J]. Journal of financial economics social science electronic publishing, 2012 (3): 535-559.

[27] BLACK A J, FRASER P, HOESLI M. House prices, fundamentals and bubbles [J]. Journal of business finance & accounting, 2010 (9-10): 1535-1555.

[28] BLACK F. Noise [J]. The Journal of finance, 1986 (3): 529-543.

[29] Blanchard O J, Fischer S. Lectures on macroeconomics [M]. Cambridge MA: MIT Press 1989.

[30] BLANCHARD O, WATSON, et al. Bubbles, rational expectations, and financial markets [J]. Crises in the economic and financial structure, 1982 (1): 295-315.

[31] BLOT C, HUBERT P, LABONDANCE F. Does monetary policy generate asset price bubbles? [R]. Paris: OFCE Siences Po Working Paper, 2017.

[32] BORIO C, LOWE P. Asset prices, financial and monetary stability: exploring the nexus [R]. Basel: BIS Working Papers, 2002.

[33] BROOKS C, KATSARIS A. Trading rules from forecasting the collapse of speculative bubbles for the s&p 500 composite index [J]. Journal of business, 2005 (5): 2003-2036.

[34] BRUNNERMEIER M K, ALP S, WEI X. A welfare criterion for models with distorted beliefs [J]. The quarterly journal of economics, 2014 (4): 1711-1752.

[35] BRUNNERMEIER M K. Bubbles and crashes [J]. Econometrica, 2002 (1): 173-204.

[36] BRUNNERMEIER M K, OEHMKE M. Bubbles, financial crises, and systemic risk [J]. Handbook of the economics of finance, 2012 (2): 1221-1288.

[37] BRUNNERMEIER M K, ROTHER S C, SCHNABEL I. Asset price bubbles and systemic risk [J]. Review of Financial Studies, 2020 (9): 4272-4317.

[38] CABALLERO R J, KRISHNAMURTHY A. Bubbles and capital flow volatility: causes and risk management [J]. Journal of monetary economics, 2006 (1): 33-53.

[39] CAHUC P, CHALLE E. Produce or speculate? asset bubbles, occupational choice and efficiency [J]. International economic review, 2012 (4): 1105-1131.

[40] CHANG C O, CHEN M C, et al. Is there a housing bubble in taipei? housing price vs rent and housing price vs income [J]. Journal of housing studies, 2009 (2): 1-22.

[41] CHIRINKO R, SCHALLER H. Bubbles, fundamentals, and investment: a multiple equation testing strategy [J]. Journal of monetary economics, 1996 (8): 47-76.

[42] COCHRANE J H. Asset pricing - revised edition [M]. Princeton: Princeton University Press, 2005.

[43] COLLARD F, DELLAS H, et al. Optimal monetary and prudential policies [J]. American economic journal: macroeconomics, 2017 (1): 40-87.

[44] CONLON J. Simple finite horizon bubbles robust to higher order knowledge [J]. Econometrica, 2004 (3): 927-936.

[45] CONLON, JOHN R. Should central banks burst bubbles? some microeconomic issues [J]. Economic journal, 2015 (2): 141-161.

[46] CONNOLLY R A, WANG F A. International equity market comovements: economic fundamentals or contagion? [J]. Pacific-basin finance journal, 1999 (1): 23-43.

[47] DE LONG J B, SHLEIFER A, et al. Noise trader risk in financial markets [J]. Journal of political economy, 1990 (4): 703-738.

[48] DIAMOND P A. National debt in a neoclassical growth model [J]. American economic review, 1965 (5): 1126-1150.

[49] DIBA B T, GROSSMAN H I. Explosive rational bubbles in stock prices [J]. American economic review, 1988a (6): 520-530.

[50] DIBA B T, GROSSMAN H I. The theory of rational bubbles in stock prices [J]. Economic journal, 1988b (392): 746-754.

[51] DIEBOLD F X, YILMAZ K. Better to give than to receive: predictive directional measurement of volatility spillovers [J]. International journal of forecasting, 2012 (1): 57-66.

[52] DIEBOLD F X, YILMAZ K. Measuring financial asset return and volatility spillovers, with application to global equity markets [J]. The economic journal, 2009 (534): 158-171.

[53] DIEBOLD F X, YILMAZ K. On the network topology of variance decompositions: measuring the connectedness of financial firms [J]. Journal of econometrics, 2014 (1): 119-134.

[54] EHRMANN M, FRATZSCHER M, RIGOBON R. Stocks, bonds, money markets and exchange rates: measuring international financial transmission [J]. Journal of applied econometrics, 2011 (6): 948-974.

[55] EVANS G. Pitfalls in testing for explosive bubbles in asset prices [J]. American economic review, 1991 (9): 922-930.

[56] FAMA E F. The behavior of stock market price [J]. The journal of business, 1965 (1): 34-105.

[57] FARHI E, J TIROLE. Bubbly liquidity [J]. The review of economic studies, 2012 (2): 678-706.

[58] FILIMONOV V, SORNETTE D. A stable and robust calibration scheme of the log-periodic power law model [J]. Physica a, 2013 (17): 3698-3707.

[59] FLOOD R, HODRICK R, KAPLAN P. An evaluation of recent evidence on stock price bubbles. [M]. Cambridge, MA: MIT Press, 1994.

[60] FROOT K A, OBSTFELD M. Intrinsic bubbles: the case of stock prices [J]. American economic review, 1991 (5): 1189-1214.

[61] GALÍ J, GAMBETTI L, et al. The effects of monetary policy on stock market bubbles: some evidence [J]. American economic journal: macroeconomics, 2015 (1): 233-257.

[62] GALÍ J. Monetary policy and bubbles in a New keynesian model with overlapping generations [J]. American economic journal: macroeconomics, 2021 (2): 121-167.

［63］GALÍ J. Monetary policy and rational asset price bubbles ［J］. American economic review, 2011 (3): 721-752.

［64］GRACZYK A, PHAN T. Regressive welfare effects of housing bubbles ［J］. Macroeconomics dynamics, 2021 (8): 2102-2127.

［65］GREENAWAY-MCGREVY R, PHILLIPS P C B. Hot property in new zealand: empirical evidence of housing bubbles in the metropolitan centres ［J］. New zealand economic papers, 2016 (1): 88-113.

［66］GROSSMAN G M, YANAGAWA N. Asset bubbles and endogenous growth ［J］. Journal of monetary economics, 1993 (1): 3-19.

［67］GROSSMAN S, SHILLER R. The determinants of the variability of stock market prices ［J］. American economic review, 1981 (5): 222-227.

［68］GUERRON-QUINTANA P A, HIRANO T, JINNAI R. Recurrent bubbles, economic fluctuations, and growth ［R］. Tokyo: Bank of Japan, Working Paper, 2018.

［69］GÜRKAYNAK R. Econometric tests of asset price bubbles: taking stock ［J］. Journal of economic surveys, 2008 (1): 166-186.

［70］HALL S, PSARADAKIS Z, SOLA M. Detecting periodically collapsing bubbles: a markov-switching unit root test ［J］. Journal of applied econometrics, 1999 (2): 143-154.

［71］HATZVI E, OTTO G. Prices, rents and rational speculative bubbles in the sydney housing market ［J］. Economic record, 2008 (267): 405-420.

［72］HIRANO T, INABA M, YANAGAWA N. Asset bubbles and bailouts ［J］. Journal of monetary economics, 2015 (12): 71-89.

［73］HIRANO T, N YANAGAWA. Asset bubbles, endogenous growth, and financial frictions ［J］. The review of economic studies, 2016 (1): 406-443.

［74］HIRSHLEIFER D A, SUBRAHMANYAM A, TITMAN S. Feedback and the success of irrational investors ［J］. Social science electronic publishing, 2006 (2): 311-338.

［75］HOMM U, BREITUNG J. Testing for speculative bubbles in stock markets: a comparison of alternative methods ［J］. Journal of financial econometrics, 2012 (1): 198-231.

[76] HOMMES C H. Heterogeneous agent models in economics and finance [J]. Agent-based computational economics, 2006 (2): 1109-1186.

[77] HONG H, SCHEINKMAN J, XIONG W. Asset float and speculative bubbles [J]. Journal of finance, 2006 (3): 1073-1117.

[78] HONG H, STEIN J C. Differences of opinion, short-sales constraints, and market crashes [J]. Review of financial studies, 2003 (2): 487-525.

[79] HONG H, STEIN J C. Disagreement and the stock market [J]. Journal of economic perspectives, 2007 (2): 109-128.

[80] IKEDA D, PHAN T, SABLIK T. Asset bubbles and global imbalances [J]. Richmond fed economic brief, 2020 (3): 209-251.

[81] IKEDA D, PHAN T. Toxic asset bubbles [J]. Economic theory, 2016 (2): 241-271.

[82] ISSING O. Asset process and monetary policy [J]. Cato j, 2009 (9): 29-45.

[83] JIANG Z Q, ZHOU W X, et al. Bubble diagnosis and prediction of the 2005-2007 and 2008-2009 chinese stock market bubbles [J]. Journal of economic behavior & organization, 2010 (3): 149-162.

[84] JOHANSEN A, LEDOIT O, SORNETTE D. Crashes as critical points [J]. International journal of theoretical & applied finance, 2000 (2): 219-255.

[85] JOHANSEN A, SORNETTE D, LEDOIT O. Predicting financial crashes uisng discrete scale invariance [J]. Journal of risk, 1999 (4): 5-32.

[86] JORDÀ, ÒSCAR, et al. Leveraged bubbles [J]. Journal of monetary economics, 2015 (12): 1-20.

[87] KINDLEBERGER C P, ALIBER R Z. Manias panics and crashes: a history of financial crises [M]. New York: Palgrave Macmillan, 2011.

[88] KING M, WADHWANI S. Transmission of volatility between stock markets [J]. Review of financial studies, 1990 (1): 5-33.

[89] KIYOTAKI N, MOORE J. Credit cycle [J]. Journal of political economy, 1997 (2): 211-248.

[90] KLEIDON A. Variance bounds tests and stock price valuation models [J]. Journal of Political Economy, 1986 (5): 953-1001.

[91] KODRES L E, PRITSKER M. A rational expectations model of financial

contagion [J]. The journal of finance, 2002 (2): 769-799.

[92] LEROY S, PORTER R. The present-value relation: tests based on implied variance bounds [J]. Econometrica, 1981 (5): 555-574.

[93] LIN L, SORNETTE D. Diagnostics of rational expectation financial bubbles with stochastic mean-reverting termination times [J]. European journal of finance, 2013 (5): 344-356.

[94] MADRID D. A robust model of bubbles with multidimensional uncertainty [J]. Econometrica, 2012 (5): 1845-1893.

[95] MARSH T A, MERTON R C. Dividend variability and variance bounds tests for the rationality ofstock market prices [J]. American economic review, 1986 (6): 483-498.

[96] MARTIN A, VENTURA J. Economic growth with bubbles [J]. American economic review, 2012 (6): 3033-3058.

[97] MARTIN A, VENTURA J. Managing credit bubbles [J]. Journal of the european economic association, 2016 (3): 753-789.

[98] MARTIN A, VENTURA J. The macroeconomics of rational bubbles: a user's guide [J]. Annual review of economics, 2018 (10): 505-539.

[99] MARTIN A, VENTURA J. Theoretical notes on bubbles and the current crisis [R]. Frankfurt: European Central Bank, Working Paper, 2011.

[100] MIAN A, SUFI A. The consequences of mortgage credit expansion: evidence from the us mortgage default crisis [J]. The quarterly journal of economics, 2009 (4): 1449-1496.

[101] MIAO J, WANG P. Asset bubbles and credit constraints [J]. American economic review, 2018 (9): 2590-2628.

[102] MIAO J, WANG P. Bubbles and total factor productivity [J]. The american economic review, 2012 (3): 82-87.

[103] MILLER E M. Risk, uncertainty, and divergence of opinion [J]. Journal of finance, 1977 (4): 1151-1168.

[104] MISHKIN F S. How should we respond to asset price bubbles? [J]. Financial stability review, 2008 (12): 65-74.

[105] MISHKIN F S. Is monetary policy effective during financial crises? [J]. American economic review, 2009 (2): 573-577.

[106] MUMTAZ B H, SURICO P. Evolving international inflation dynamics: world and country specific factors [J]. Journal of the european economic association, 2012 (4): 716-734.

[107] NAKAJIMA J. Time-varying parameter var model with stochastic volatility: an overview of methodology and empirical applications [J]. Monetary and economic studies, 2011 (11) 107-134.

[108] NEGRO D M, PRIMICERI G E. Time varying structural vector autoregressions and monetary policy: a corrigendum [J]. Review of economic studies, 2015 (4): 1342-1345.

[109] NNEJI O. Liquidity shocks and stock bubbles [J]. Journal of international financial markets, institutions and money, 2015 (3): 132-146.

[110] NORDEN S V, SCHALLER H. The predictability of stock market regime: evidence from the toronto stock exchange [J]. The review of economics and statistics, 1993 (3): 505-510.

[111] Norden V S, VIGFUSSON R. Avoiding the pitfalls: can regime-switching tests reliably detect bubbles? [J]. Studies in nonlinear dynamics and econometrics, 1998 (1): 1-22.

[112] OFEK E, RICHARDSON M. Dotcom mania: the rise and fall of internet stock prices [J]. Journal of finance, 2003 (3): 1113-1137.

[113] OHLSON J A. Earnings, book values, and dividends in equity valuation [J]. Contemporary accounting research, 1995, 11 (2): 661-687.

[114] PESARAN M H, JOHNSSON I. Double-question survey measures for the analysis of financial bubbles and crashes [J]. Journal of business \ & economic statistics, 2016 (38): 428-442.

[115] PHILLIPS P C B, MAGDALINOS T. Limit theory for moderate deviations from a unit root [J]. Journal of econometrics, 2007 (1): 115-130.

[116] PHILLIPS P C B, SHI S, YU J. Testing for multiple bubbles: historical episodes of exuberance and collapse in the s&p 500 [J]. International economic review, 2015b (4): 1034-1078.

[117] PHILLIPS P C B, SHI S, YU J. Testing for multiple bubbles: limit theory of real-time detectors [J]. International economic review, 2015a (4): 1079-1134.

[118] PHILLIPS P C B, SHI S. Real time monitoring of asset markets: bubbles and crises [J]. Hand book of statistics, 2020 (42): 614-80.

[119] PHILLIPS P C B, WU Y, YU J. Explosive behavior in the 1990s nasdaq: when did exuberance escalate asset values? [J]. International economic review, 2011 (1): 201-226.

[120] PRIMICERI G E. Time varying structural vector autoregressions and monetary policy [J]. Review of economic studies, 2005 (3): 821-852.

[121] QUIGLEY J M. Real estate prices and economic cycles [J]. International real estate review, 1999 (1): 1-20.

[122] SAMUELSON P A. An exact consumption-loan model of interest with or without the social contrivance of money [J]. Journal of political economy, 1958 (6): 467-482.

[123] SANTOS M S, WOODFORD M. Rational asset pricing bubbles [J]. Econometrica, 1997 (1): 19-58.

[124] SCHEINKMAN J, XIONG W. Overconfidence and speculative bubbles [J]. Journal of political economy, 2003 (6): 1183-1219.

[125] SCHULARICK M, TAYLOR, A M. Credit booms gone bust: monetary policy, leverage cycles, and financial crises, 1870-2008 [J]. American economic review, 2012 (2): 1029-1061.

[126] SHILLER R J. Do stock returns move too much to be justified by subsequent changes in dividend? [J]. American economic review, 1981 (6): 421-436.

[127] SHILLER R J. Irrational exuberance [M]. New Jersey: Princeton University Press, 2000.

[128] SHIN Y, YU B, GREENWOOD-NIMMO M. Modelling asymmetric cointegration and dynamic multipliers in a nonlinear ardl framework [M]. New York: Springer, 2014.

[129] SMITH M H, SMITH G, et al. Bubble, bubble, where's the housing bubble? [J]. Brookings papers on economic activity, 2006 (1): 1-68.

[130] SMITH V L, G L SUCHANEK, A W WILLIAMS. Bubbles, crashes, and endogenous expectations in experimental spot asset markets [J]. Econometrica, 1988 (5): 1119-1151.

[131] SOLNIK B H. An equilibrium model of the international capital market [J]. Journal of economic theory, 1974 (4): 500-524.

[132] SORNETTE D, ANDERSEN et al. A nonlinear super-exponential rational model of speculative financial bubbles [J]. International journal of modern physics c: computational physics & physical computation, 2002 (2): 171-188.

[133] SORNETTE D, CONT R. Convergent multiplicative processes repelled from zero: power laws and truncated power laws [J]. Journal de physique i, 1996 (3): 431-444.

[134] SORNETTE D, JOHANSEN A. Large financial crashes [J]. Physica a: statistical mechanics and its applications, 1997 (3-4): 411-422.

[135] SORNETTE D, ZHOU W X. Evidence of fueling of the 2000 new economy bubble by foreign capital inflow: implications for the future of the us economy and its stock market [J]. Physica a: statistical mechanics and its applications, 2004 (2): 412-440.

[136] SORNETTE D. Why stock markets crash: critical events in complex financial systems [M]. New Jersey: Princeton University Press, 2003.

[137] STEIN J C. Regulating large financial institutions [J]. MIT Press book chapters, 2014 (1): 135-142.

[138] STIGLITZ J E. Symposium on Bubbles [J]. Journal of economic perspectives, 1990, 4 (2): 13-18.

[139] SUMMERS L H. Does the stock market rationally reflect fundamental values? [J]. Journal of finance, 1986 (2): 591-601.

[140] SVENSSON L E O. The relation between monetary policy and financial policy [J]. International journal of central banking, 2012 (3): 293-295.

[141] TENG H J, CHANG C O, CHAU K W. Housing bubbles: a tale of two cities [J]. Habitat international, 2013 (Complete): 8-15.

[142] TIROLE J. Asset bubbles and overlapping generations [J]. Econometrica, 1985 (6): 1499-1528.

[143] TIROLE J. On the possibility of speculation under rational expectations [J]. Econometrica, 1982 (5): 1163-1182.

[144] UNGERER C. Monetary policy, hot housing markets and leverage [J].

Social science electronic publishing, 2015.

[145] VENTURA J. Bubbles and capital flows [J]. Journal of economic theory, 2012 (2): 738-758.

[146] WANG P, ZHOU J, MIAO J. Housing bubbles and policy analysis [C]. 2015 Meeting Papers, Society for Economic Dynamics, 2015.

[147] WEST K. A specification test for speculative bubbles [J]. Quarterly journal of economics, 1987 (8): 553-580.

[148] WOODFORD M. Inflation targeting and financial stability [R]. New York: NBER, Working Papers, 2012 (35): 171-192.

[149] WU Y. Rational bubbles in the stock market: accounting for the us stock-price volatility [J]. Economic inquiry, 2010 (2): 309-319.

[150] XIAO Q, TAN G K R. Signal extraction with kalman filter: a study of the hong kong property price bubbles [J]. Economic growth centre working paper, 2006 (4): 865-888.

中文参考文献

[151] 陈国进,张贻军,王景. 再售期权,通胀幻觉与中国股市泡沫的影响因素分析 [J]. 经济研究, 2009 (5): 106-117.

[152] 陈国进,张贻军. 异质信念、卖空限制与我国股市的暴跌现象研究 [J]. 金融研究, 2009 (4): 80-91.

[153] 陈长石,刘晨晖. 基于中心:外围模型的区域发展不平衡测算及其空间分解:兼论中国地区发展不平衡来源及收敛性(1990—2012)[J]. 经济管理, 2015 (2): 31-40.

[154] 刁伟涛. 债务率、偿债压力与地方债务的经济增长效应 [J]. 数量经济技术经济研, 2017 (3): 59-77.

[155] 董丰,许志伟. 刚性泡沫:基于金融风险与刚性兑付的动态一般均衡分析 [J]. 经济研究, 2020 (10): 72-88.

[156] 郭刚正. 中度偏离单位根过程:理论发展与比较 [J]. 数量经济技术经济研究, 2019 (9): 132-151.

[157] 扈文秀,刘刚,等. 基于因素嵌入的非理性资产价格泡沫生成及膨胀演化研究 [J]. 中国管理科学, 2016 (5): 31-37.

[158] 纪敏,严宝玉,李宏瑾. 杠杆率结构、水平和金融稳定:理论分析框架和中国经验 [J]. 金融研究, 2017 (2): 11-25.

[159] 简志宏,向修海.修正的倒向上确界ADF泡沫检验方法：来自上证综指的证据[J].数量经济技术经济研究,2012(4)：110-122.

[160] 李伦一,张翔.中国房地产市场价格泡沫与空间传染效应[J].金融研究,2019(12)：173-190.

[161] 李扬,张晓晶,常欣.中国国家资产负债表2015：杠杆调整与风险管理[M].北京：中国社会科学出版社,2015.

[162] 林黎,任若恩.泡沫随机临界时点超指数膨胀模型：中国股市泡沫的检测与识别[J].系统工程理论与实践,2012(4)：673-684.

[163] 林思涵,陈守东,刘洋.融资融券非对称交易与股票错误定价[J].管理科学,2020(2)：157-168.

[164] 刘刚,扈文秀,等.随机交易行为、羊群行为与资产价格波动研究[J].管理科学,2016(2)：122-133.

[165] 刘煜松.股票内在投资价值理论与中国股市泡沫问题[J].经济研究,2005(2)：45-53.

[166] 刘海云,吕龙.城市房价泡沫及其传染的"波纹"效应[J].中国工业经济,2018(12)：42-59.

[167] 刘晓星,石广平.杠杆对资产价格泡沫的非对称效应研究[J].金融研究,2018(3)：53-70.

[168] 刘洋,陈守东.混合分层结构Gibbs算法与时变因果关系检验及应用[J].数理统计与管理,2016(2)：243-252.

[169] 刘洋,陈守东,吴萍.中国强弱势费雪效应转换机制的动态识别：基于无限状态Markov区制转移误差修正模型[J].经济评论,2018(2)：89-102,160.

[170] 马勇,陈雨露.金融杠杆、杠杆波动与经济增长[J].经济研究,2017(6)：31-45.

[171] 马勇,田拓,阮卓阳.金融杠杆、经济增长与金融稳定[J].金融研究,2016(6)：37-51.

[172] 潘国陵.股市泡沫研究[J].金融研究,2000(7)：71-79.

[173] 清华大学国家金融研究院课题组,等.完善制度设计　提升市场信心　建设长期健康稳定发展的资本市场[J].清华金融评论,2015(12)：14-23.

[174] 王春丽,江晶.中国股市波动与货币政策反应[J].宏观经济研究,

2014（5）：40-48.

[175] 王连华，杨春鹏．非理性泡沫的确定与生成机理［J］．管理评论，2005（3）：9-13.

[176] 王少平，赵钊．中国资本市场的突出风险点与监管的反事实仿真［J］．中国社会科学，2019（11）：44-63，205.

[177] 王永钦，高鑫，等．金融发展，资产泡沫与实体经济：一个文献综述［J］．金融研究，2016（5）：191-206.

[178] 吴世农，许年行，等．股市泡沫的生成机理和度量［J］．财经科学，2002（4）：6-11.

[179] 向诚，陆静．投资者有限关注、行业信息扩散与股票定价研究［J］．系统工程理论与实践，2018（4）：817-835.

[180] 项后军，陈简豪，杨华．银行杠杆的顺周期行为与流动性关系问题研究［J］．数量经济技术经济研究，2015（8）：57-72，148.

[181] 熊熊，高雅，冯绪．卖空交易与异质信念：基于中国股票市场的证据［J］．系统工程理论与实践，2017（8）：1937-1948.

[182] 闫先东，朱迪星．资本市场泡沫、经济波动与货币政策反应［J］．国际金融研究，2016（10）：74-88.

[183] 杨明秋．发达国家金融系统的去杠杆化趋势及其影响［J］．中央财经大学学报，2011（2）：33-38，87.

[184] 虞文微，张兵，赵丽君．异质信念、卖空机制与"特质波动率之谜"：基于2698家中国A股上市公司的证据［J］．财经科学，2017（2）：38-50.

[185] 张普，陈亮，曹启龙．信息视角下基于异质信念的股票波动性价值研究［J］．管理科学，2018（2）：147-160.

[186] 赵鹏，曾剑云．我国股市周期性破灭型投机泡沫实证研究：基于马尔可夫区制转换方法［J］．金融研究，2008（4）：174-187.

[187] 郑挺国，刘堂勇．股市波动溢出效应及其影响因素分析［J］．经济学（季刊），2018（2）：669-692.